?! 歴史漫画《れきしまんが》 タイムワープ シリーズ 通史編《つうしへん》 11

幕末《ばくまつ》へタイムワープ

マンガ：もとじろう／ストーリー：チーム・ガリレオ／監修《かんしゅう》：河合《かわい》 敦《あつし》

はじめに

幕末《ばくまつ》は、今《いま》からおよそ160〜150年前《ねんまえ》の江戸時代《えどじだい》の終《お》わり頃《ごろ》のことです。当時日本《とうじにほん》を治《おさ》めていた江戸幕府《えどばくふ》の力《ちから》が弱《よわ》まり、幕府《ばくふ》を倒《たお》して新《あたら》しい政府《せいふ》をつくりだそうとした激動《げきどう》の時代《じだい》でした。

この時代《じだい》について、学校《がっこう》の授業《じゅぎょう》では、アメリカのペリーが来航《らいこう》したことなどをきっかけに幕府《ばくふ》を倒《たお》す運動《うんどう》が起《お》き、坂本龍馬《さかもとりょうま》や西郷隆盛《さいごうたかもり》などが中心《ちゅうしん》となって新《あたら》しい時代《じだい》を生《う》み出《だ》していく様子《ようす》を学習《がくしゅう》します。

今回《こんかい》のマンガでは、幕末《ばくまつ》の日本《にほん》にタイムワープした現代《げんだい》の小学生《しょうがくせい》たちが、幕府《ばくふ》を守《まも》る新選組《しんせんぐみ》や、幕府《ばくふ》を倒《たお》そうとする勢力《せいりょく》の長州藩《ちょうしゅうはん》の人々《ひとびと》などとかかわりながら、動乱《どうらん》の時代《じだい》を体験《たいけん》します。

幕末《ばくまつ》はいったい、どんな人々《ひとびと》が活躍《かつやく》したのかを、一緒《いっしょ》に見《み》てみましょう！

監修者《かんしゅうしゃ》　河合《かわい》　敦《あつし》

今回《こんかい》のタイムワープの舞台《ぶたい》は…？

もくじ

歴史《れきし》なるほどメモ

教《おし》えて!! 河合先生《かわいせんせい》 幕末《ばくまつ》おまけ話《ばなし》

登《とう》場《じょう》人《じん》物《ぶつ》

シュン

元気《げんき》いっぱいの小学生《しょうがくせい》。
勉強《べんきょう》は苦手《にがて》で、
歴史《れきし》の知識《ちしき》はほとんどゼロ。
ふだんはお調子者《ちょうしもの》だけど、
行動力抜群《こうどうりょくばつぐん》で、友達思《ともだちおも》い。
さらわれたノブを
助《たす》けるため、必死《ひっし》になって
幕末《ばくまつ》の世界《せかい》を駆《か》けめぐる。

ユイ

しっかり者《もの》のメガネっ子《こ》。
いつでも沈着冷静《ちんちゃくれいせい》で、
暴走《ぼうそう》しがちなシュンを抑《おさ》える。
歴史好《れきしず》きで、豊富《ほうふ》な知識《ちしき》が
幕末《ばくまつ》でも役立《やくだ》つ。
照《て》れると真《ま》っ赤《か》になる、
かわいい面《めん》も。

ノブ

気《き》は優《やさ》しくて力持《ちからも》ちの、憎《にく》めない性格《せいかく》。
食《く》いしん坊《ぼう》で、すぐおならをする。
のんびり屋《や》だけど、
いざという時《とき》は秘《ひ》めた力《ちから》を発揮《はっき》する。
タイムワープしてすぐに
さらわれて、シュンやユイと
離《はな》ればなれになってしまう。

桂小五郎《かつらこごろう》

長州藩士《ちょうしゅうはんし》で、
テルが尊敬《そんけい》している。
ノブの怪力《かいりき》に
目《め》をつける。

土方歳三《ひじかたとしぞう》

京都《きょうと》の治安《ちあん》を守《まも》る
「新選組《しんせんぐみ》」の副長《ふくちょう》。
シュンとユイを特別《とくべつ》に
隊士《たいし》として認《みと》める。

テル

幕末《ばくまつ》の世界《せかい》で
シュンたちと出会《であ》った
長州藩士《ちょうしゅうはんし》の少年《しょうねん》。
ノブを人質《ひとじち》として
連《つ》れ去《さ》る。

1章《しょう》
幕末《ばくまつ》にタイムワープ!?

今日《きょう》〜？どうして〜？
今日《きょう》シャリシャリちゃんの当《あ》たり棒《ぼう》ひきかえに行《い》くんだけど…
いいだろう？うまいもん食《く》わしてやるからさー
ぱあ
バナナもどっさりあるぜ！
ーえ？
行《い》くよ！行《い》くとも！友達《ともだち》だもの！
がしっ
ありがとう待《ま》ってるぜ♡
……
シュン何《なに》たくらんでるのよ！
なっ……別《べつ》に何《なに》もないよっ
怪《あや》しいわね〜あんた昔《むかし》っから……
じゃあおまえも来《く》ればいいじゃん
え？し……しかたないわね
ちょっとだけよ
ニヤッ

ただいまーー
相変《あいか》わらずシュンの家《いえ》は歴史《れきし》を感《かん》じてステキよね!
ノブだけじゃなくユイも手伝《てつだ》いにきてくれたよっ
手伝《てつだ》い?
あら?ユイちゃんも?悪《わる》いわね
いらっしゃい
こっちこっち
は……はあ
タンタンタン

ハイ ノブこれ 持《も》って
ずん
ユイは こっち
おもっ……
どん
どん
いやぁ 助《たす》かったよ これ全部《ぜんぶ》 下《した》に運《はこ》ばなきゃいけないんだよ
どういうことよーーー!!
バッ
そういえば シュンが…… この前《まえ》
オレ 自分《じぶん》の部屋《へや》がほしいんだよねーー
ふーん
もしやコレ そのための片付《かたづ》けの荷物運《にもつはこ》びってこと!?

さ――て
何《なん》のことやら
この屋根裏部屋《やねうらべや》を
使《つか》っていいけど
その代《か》わり　荷物《にもつ》の
片付《かたづ》けは自分《じぶん》でしてね
うん！　いいよ！
ニシシシシ
ノブに
手伝《てつだ》ってもらえば
すぐに終《お》わるな！
さー
さー
はこんで
はこんで
呼《よ》ばれてないのに
くっついてきちゃって……
カクッ
私《わたし》ってバカ！
トボ
トボ
てっ
てっ
てっ
てっ
てっ
あーーっ
ちょっとコレ！
私《わたし》の歴史《れきし》マンガじゃない！
なくしたと思《おも》ったら
あんたが持《も》ってたのね！
ハッ
しまった…
歴史大《れきしだい》スキ
マンガ
よろしくねー
まあまあ　ふたりとも
ありがとう　おいしいもの
作《つく》っておきますからね
ユルサヌ…

おばさん！
バナナもありますか？
おばさん
あの……
もちろんよ
ノブくん
たくさんあるわよ♡
ずんっ
おまかせくださいっ!!
わっ
キリッ
あわわ
何《なん》だ？　何《なん》だ？
ドサ
ごめーん
ドサ
ん？
コトッ

何《なん》だ？ これ
「時《じ》間《かん》旅《りょ》行《こう》装《そう》置《ち》」って何《なん》だ？
タイムマシンってことかしら？
マジか!? スゲーーッ…
しゅるる
……っておい 何《なに》してんの？
わわわ やめれって！ それ開《あ》けたら……
ぼん
ワクワク
キャーッ キャーーッ
ユイがおばぁさんに～
パカッ

懐中時計《かいちゅうどけい》と巻物《まきもの》？
これがタイムマシン？
ぐー
ぎー
むむ——っ
とほー…っ
だ……だめだ 開《あ》かないよ これ
ノブあけてみて… ムりだと思《おも》うけど…
カパッ
あいた〜

わーっ
ぐるぐるぐるぐるぐる
え!?
なっ……
ギュウウイイイイ
イイイーン

ギュルルルル
キャアア
うわー
シュウイイ

べちゃ
どさっ
どさっ
イテテ……
おい！ ふたりとも大丈夫《だいじょうぶ》か？
う…うん
ぼちぼち…
シュンは？大丈夫《だいじょうぶ》？
ずいぶんかたいわね……？
おーい
こっちこっち
それ おじぞうさんだから…

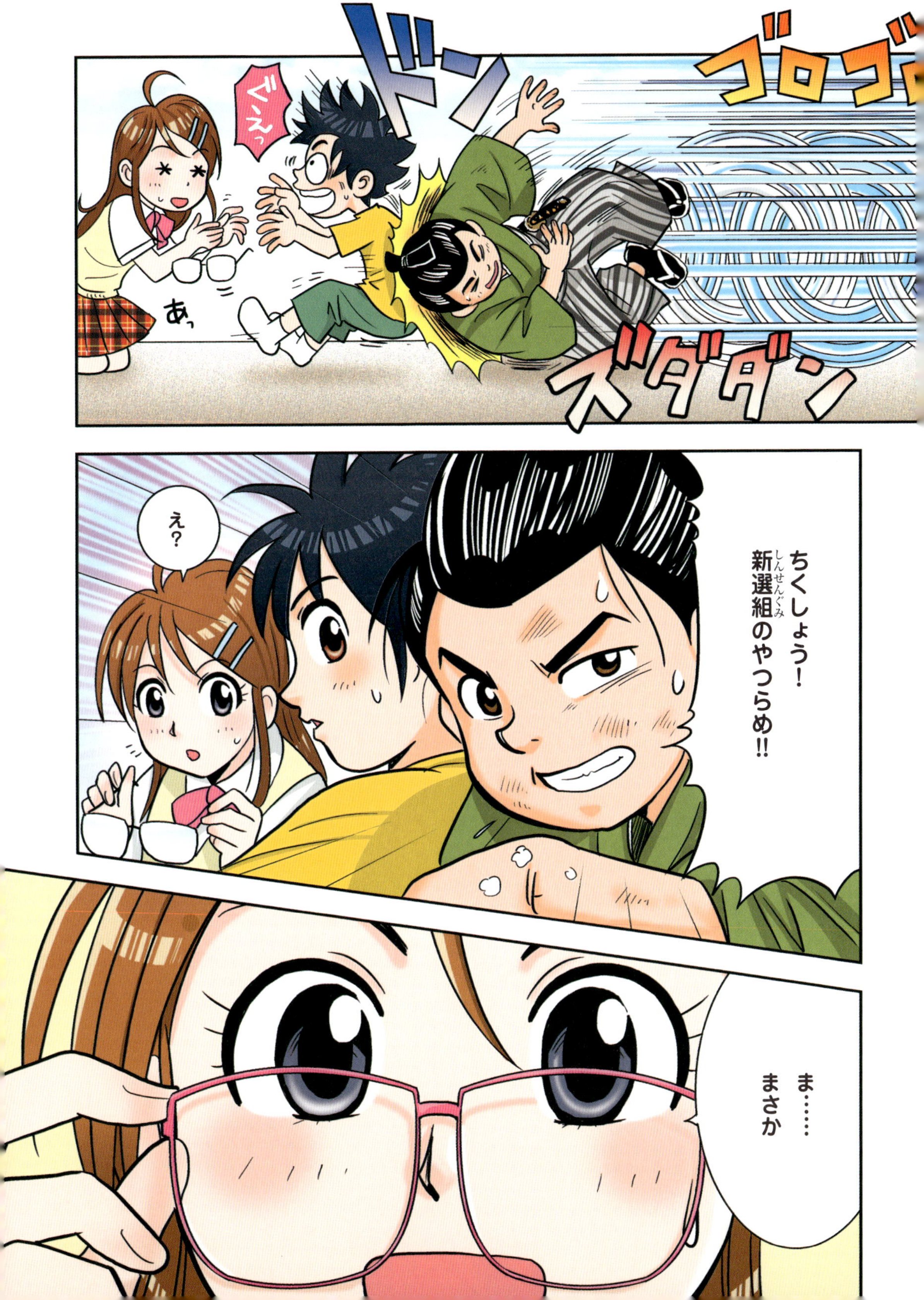

ゴロゴロ
ドーン
ぐえっ
ズダダン
あっ
ちくしょう！
新選組《しんせんぐみ》のやつらめ!!
え？
ま……
まさか

……
待《ま》て！
逃《に》げろ！
ここは!?
うりゃあ
せえい
だあー
あの青《あお》と白《しろ》の服《ふく》を着《き》た人《ひと》たち新選組《しんせんぐみ》だわ

*幕府《ばくふ》…武士《ぶし》の世《よ》の中《なか》で、政治《せいじ》の中心《ちゅうしん》となったところ

マジ!? じゃ あの時計《とけい》 やっぱり 本物《ほんもの》のタイムマ……
チャッ
おまえたち 何者《なにもの》だ!?
ははーっ!!
わっ……私《わたし》たちは 幕府《ばくふ》のお力《ちから》に なるために来《き》ました!
どうか新選組《しんせんぐみ》に 入《い》れてください!
ばっ
なっ……何《なん》だよ いきなり～
とにかく ここを無事《ぶじ》に 乗《の》り切るには
仲間《なかま》になるしか ないじゃ ないの!

ほほう それは
立派《りっぱ》な心掛《こころが》けだ
だが まだ子《こ》どもではないか
認《みと》めるわけには……
危《あぶ》ない!!
ビュッ
ゴンッ
がっ
こいつは
おまえたちに
借《か》りができたな
ノブッ!!
へへっ

動《うご》くなっ　動《うご》くと
こいつの命《いのち》はないぞっ！
ノブ!!
ひきょうだぞ！
ノブを
放《はな》しなさい！
残念《ざんねん》だが――
オレはそいつを
知《し》らん　いっそ
一緒《いっしょ》に斬《き》ってくれよう
か？
えー!?
ちっ

ぱからっ
ぱからっ
ぱからっ
おそい…っ
ぱからっ
ふんっ
ぱ
ヒヒィィ
さらばっ!!
ノブーーッ!

TIME WARP memo
歴史《れきし》なるほどメモ①

幕末《ばくまつ》ってどんな時代《じだい》？

①世《よ》の中《なか》が大《おお》きく揺《ゆ》れ動《うご》いた時代《じだい》

幕末《ばくまつ》とは、今《いま》からおよそ160～150年前《ねんまえ》、江《え》戸時代《どじだい》の終《お》わり頃《ごろ》のことです。江戸幕府《えどばくふ》によって治《おさ》められていた江戸時代《えどじだい》は、およそ260年間《ねんかん》も平和《へいわ》が続《つづ》き、繁栄《はんえい》しました。しかし、江戸時代後半《えどじだいこうはん》には＊飢饉《ききん》が続《つづ》いて物価《ぶっか》が上《あ》がり、外国《がいこく》の圧倒的《あっとうてき》な力《ちから》におびやかされて、人々《ひとびと》の不満《ふまん》や不安《ふあん》が高《たか》まりました。そこで、日本《にほん》の将来《しょうらい》を心配《しんぱい》する若者《わかもの》たちが各地《かくち》で立《た》ち上《あ》がり、やがて力《ちから》を合《あ》わせて幕府《ばくふ》を倒《たお》し、明治《めいじ》の新政府《しんせいふ》を樹立《じゅりつ》します。幕末《ばくまつ》とはそんな、世《よ》の中《なか》が大《おお》きく揺《ゆ》れ動《うご》いた時代《じだい》でした。

＊飢饉《ききん》＝コメなどの農作物《のうさくぶつ》が不作《ふさく》なために、食《た》べ物《もの》が足《た》りなくなって飢《う》えに苦《くる》しむ状態《じょうたい》

食《た》べ物《もの》が足《た》りなくなるなんてボクが許《ゆる》さない！

②始《はじ》まりは「黒船《くろふね》」

幕末《ばくまつ》の始《はじ》まりは、「黒船《くろふね》」の来航《らいこう》です。1853（嘉永《かえい》6）年《ねん》6月《がつ》、アメリカの使節《しせつ》・ペリーが、4隻《せき》の巨大《きょだい》な軍艦《ぐんかん》を率《ひき》いて相模国浦賀《さがみのくにうらが》（神奈川県《かながわけん》）にやってくると、人々《ひとびと》はたいへん驚《おどろ》き、黒船《くろふね》と呼《よ》んで恐《おそ》れました。

江戸時代《えどじだい》の日本《にほん》が平和《へいわ》だった理由《りゆう》の一《ひと》つは、幕府《ばくふ》が外国《がいこく》との交流《こうりゅう》を制限《せいげん》していたからです。また、幕府《ばくふ》は大《おお》きな船《ふね》をつくることを禁止《きんし》していました。このため、当時《とうじ》の人々《ひとびと》は黒船《くろふね》のような巨大《きょだい》な軍艦《ぐんかん》を見《み》たことがありませんでした。黒船《くろふね》は、日本《にほん》が世界《せかい》から取《と》り残《のこ》されていることを、日本《にほん》の人々《ひとびと》に見《み》せつけたのです。

「サスケハナ」の模型《もけい》
ペリーが乗《の》ってきた蒸気艦《じょうきかん》
横浜開港資料館蔵

③ 幕府《ばくふ》の態度《たいど》に人々《ひとびと》の不満《ふまん》が高《たか》まる

黒船《くろふね》に乗《の》ってやってきたペリーは、アメリカ大統領《だいとうりょう》の手紙《てがみ》を幕府《ばくふ》に渡《わた》し、国《くに》を開《ひら》くよう求《もと》めました。アメリカの力《ちから》を恐《おそ》れた幕府《ばくふ》は、その要求《ようきゅう》を受《う》け入《い》れ、翌年《よくねん》、日本《にほん》にとって不利《ふり》な日米和親条約《にちべいわしんじょうやく》を結《むす》び、港《みなと》を開《ひら》いて自由《じゆう》な貿易《ぼうえき》を行《おこな》うことを認《みと》めてしまいます。イギリスなどヨーロッパの国々《くにぐに》もアメリカに続《つづ》きました。その結《けっ》果《か》、生糸《きいと》や茶《ちゃ》が輸出《ゆしゅつ》され品薄《しなうす》になって物価《ぶっか》は上《あ》がり、外国《がいこく》の安《やす》い製品《せいひん》が大量《たいりょう》に入《はい》ってきて日本《にほん》の産業《さんぎょう》は打撃《だげき》を受《う》け、人々《ひとびと》の暮《く》らしは苦《くる》しくなりました。

幕末《ばくまつ》の日本《にほん》の港《みなと》

日米和親条約《にちべいわしんじょうやく》（1854年《ねん》）で開港《かいこう》

日米修好通商条約《にちべいしゅうこうつうしょうじょうやく》（1858年《ねん》）で開港《かいこう》を約束《やくそく》

幕末《ばくまつ》のキーパーソン 1

黒船《くろふね》でやってきたアメリカ人《じん》

ペリー

★生没年《せいぼつねん》 1794～1858年《ねん》

アメリカ海軍《かいぐん》の軍人《ぐんじん》。黒船《くろふね》に乗《の》って日本《にほん》にやってきて、幕府《ばくふ》に国《くに》を開《ひら》くように迫《せま》り、日米和親条約《にちべいわしんじょうやく》を結《むす》ぶことに成功《せいこう》した。

横浜開港資料館蔵

2章《しょう》

ノブを救《すく》い出《だ》せ！

＊屯所《とんしょ》＝兵士《へいし》などが一時的《いちじてき》に寝泊《ねと》まりしているところ

ノブはそんな悪《わる》いやつらにつかまっちまったのか
ダダッ
…………
何《なに》イ!!
なっ……何《なに》があったんですか?
おまえの仲間《なかま》を連《つ》れ去《さ》ったやつの後《あと》をつけた者《もの》がまだ戻《もど》ってきていないというのだ
じゃあノブの居所《いどころ》も……
わからん……拷問《ごうもん》など受《う》けていなければよいが……
ゴ……ゴーモン!?
アチチ

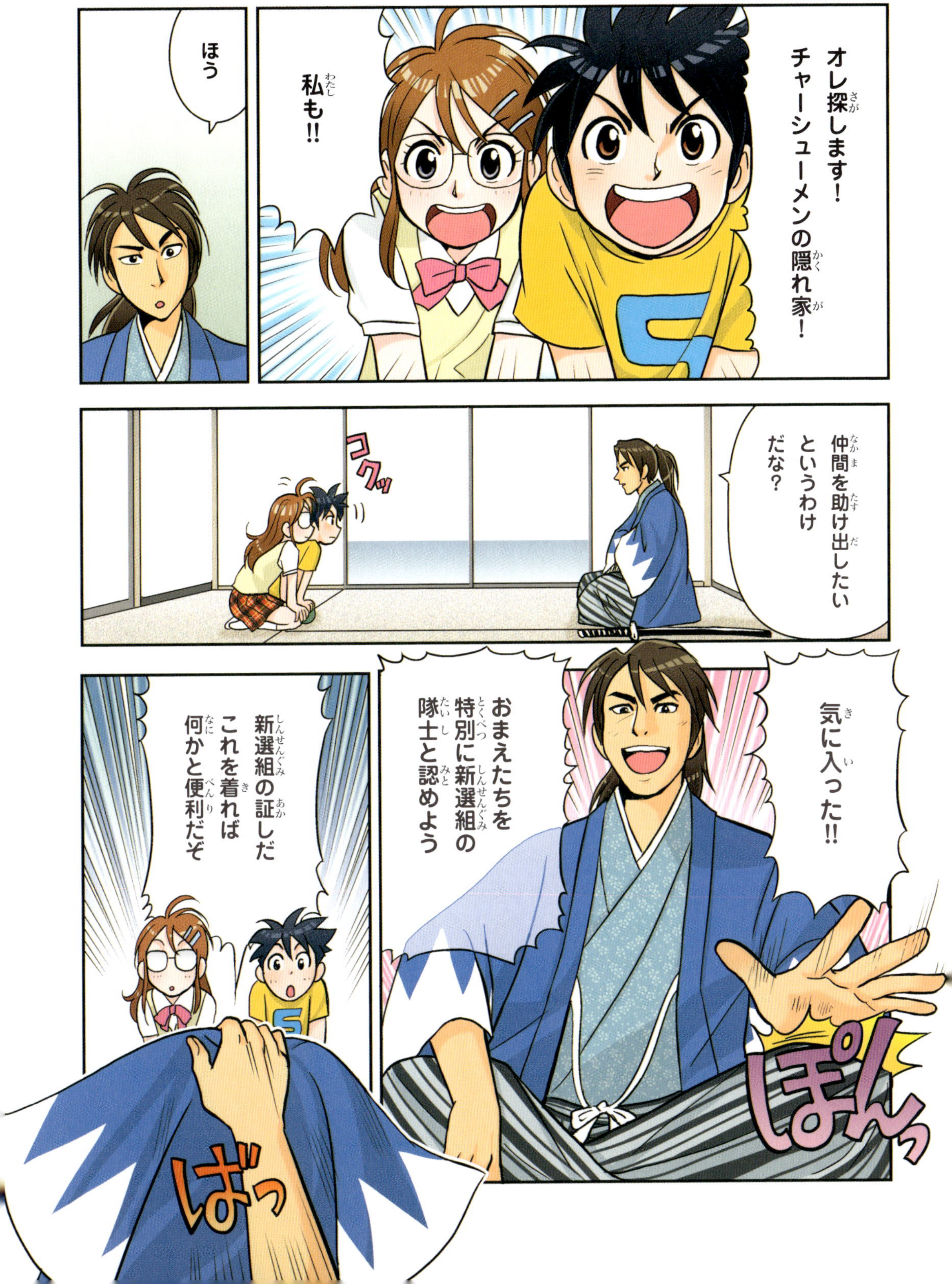
オレ探《さが》します！
チャーシューメンの隠《かく》れ家《が》！
私《わたし》も!!
ほう
仲間《なかま》を助《たす》け出《だ》したい
というわけ
だな？
コクッ
気《き》に入《い》った!!
おまえたちを
特別《とくべつ》に新選組《しんせんぐみ》の
隊士《たいし》と認《みと》めよう
ぽんっ
新選組《しんせんぐみ》の証《あか》しだ
これを着《き》れば
何《なに》かと便利《べんり》だぞ
ばっ

ざんっ!!
ユイ 見《み》ろよ
スゲーな 新選組《しんせんぐみ》って
……みんな頭《あたま》下《さ》げてくぞ
これなら
探《さが》すのも
ラクね
ぞうりも はかせてもらったしね
よーし ノブッ
一日《いちにち》も早《はや》く助《たす》けて
やるからな!
そしてこの時計《とけい》を
使《つか》って元《もと》の世界《せかい》に
……
・・・・
シュン……見当《みあ》たらないの?
私《わたし》は巻物《まきもの》しか持《も》ってないよ
あれ?
えーっと…

あっ そーか! ノブが持《も》ってるんだ!!
ぱかっ
あ〜〜あ〜
——ってことは ノブを捜《さが》さなきゃ 元《もと》の世界《せかい》にも 戻《もど》れないいって コトね
たずね人《びと》
くいしんぼう
力《ちから》もち
のぶ
たずね
はーーっ 見《み》つからないわね ……
どこ 行《い》っちまっ たんだよーー ノブーー
おなかすかせて なきゃいいけど……

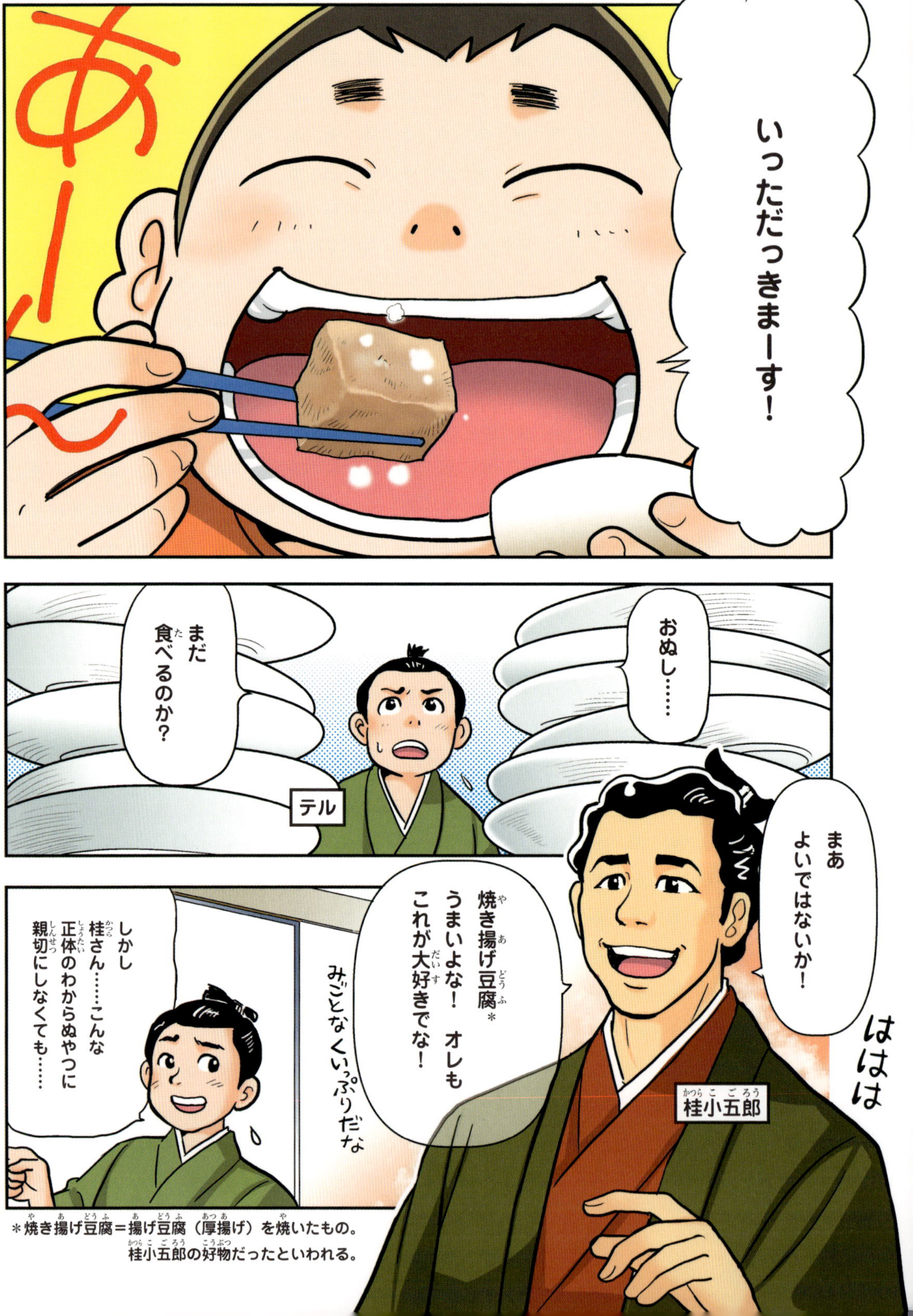

＊焼《や》き揚《あ》げ豆腐《どうふ》＝揚《あ》げ豆腐《どうふ》（厚揚《あつあ》げ）を焼《や》いたもの。
桂小五郎《かつらこごろう》の好物《こうぶつ》だったといわれる。

おまえも見《み》たであろう この者《もの》の力《ちから》を
……はい
ダッ
桂《かつら》さん!!
テル!
新選組《しんせんぐみ》のやつらに襲《おそ》われました!
なんだと! 他《ほか》の皆《みな》は? そいつはだれだ?
みんなちりぢりに…… 私《わたし》はこの者《もの》を人質《ひとじち》にして やっと逃《に》げてきました
きさま そこで何《なに》をしている!!

どうしたんですか？
高杉《たかすぎ》さん!!
あっ
テル……
どうやらおまえ
新選組《しんせんぐみ》のやつに
つけられていたようだぞ
じりじり……
高杉晋作《たかすぎしんさく》
もっとも
もう逃《に》げ場《ば》は
ねえけどな
くっ……

観念《かんねん》するんだな……
ドン
やさい…
ちっ……
ブン
ブン
ちくしょう
ヒョイ
ヒョイ
あーあー
往生際《おうじょうぎわ》が悪《わる》いねえ
キラン

がしっ
食《た》べ物《もの》を
粗末《そまつ》にしちゃ……
ダメ――!
ドン

メリ
メリ
はっ!
何《なん》という力《ちから》だ
やるじゃねえか おい!
ははは
おまえ スゴイな
これ食《た》べてもいい?
ん〜 おいしい〜 おかわり!

後《あと》をつけられるなんて……
本当《ほんとう》にすみませんでした
はっは
もう気《き》にするな！こんなすごい戦力《せんりょく》が手《て》に入《はい》ったのだからお手柄《てがら》だ
焼《や》き揚《あ》げ豆腐《どうふ》はもう品切《しなぎ》れじゃ
ガーーン
Nob
は……はあ
さあ これならもっと食《た》べていいぞ
ホントに!?おじさんいい人《ひと》だね！
わーい おまんじゅうだ——

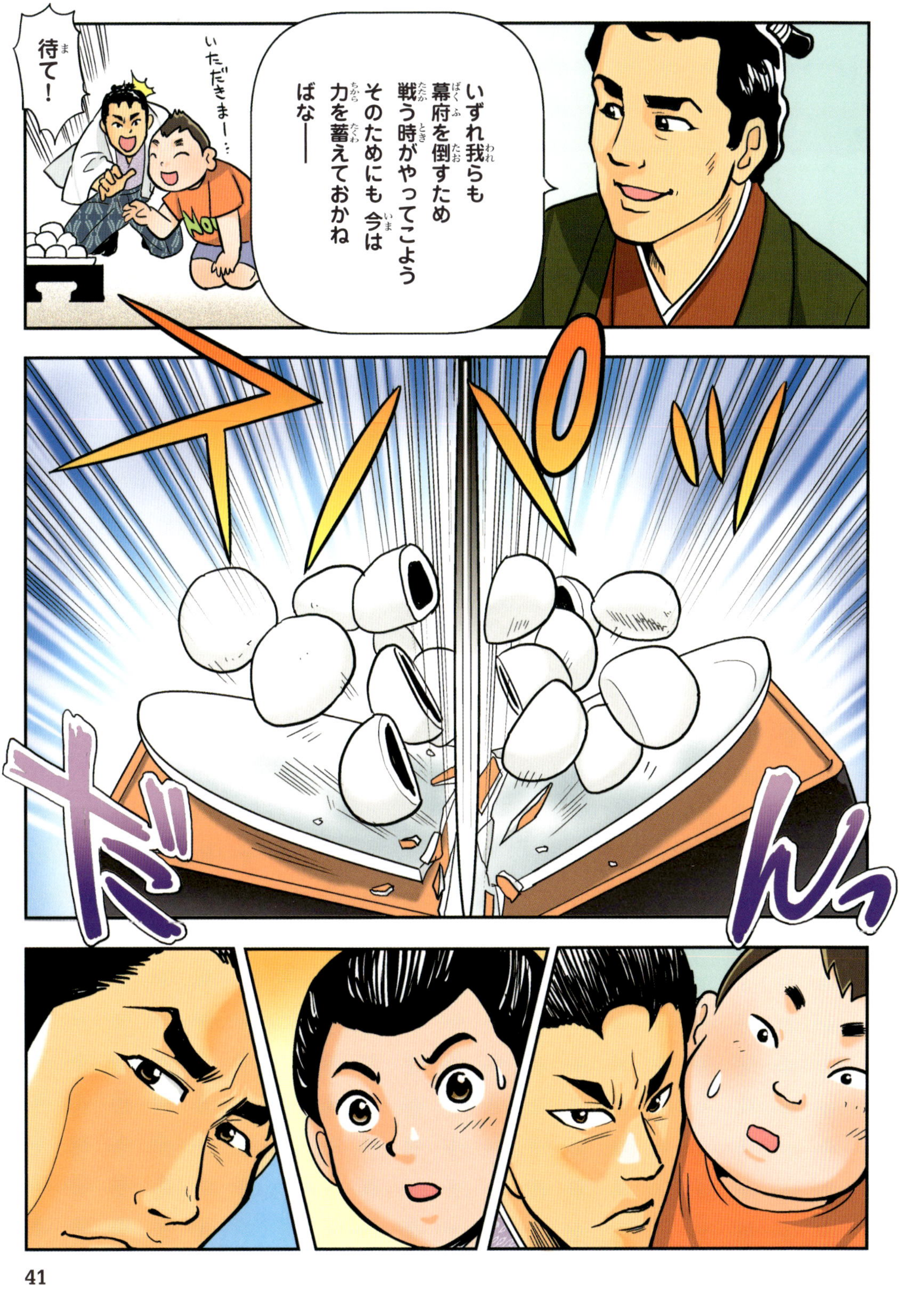
いずれ我《われ》らも
幕府《ばくふ》を倒《たお》すため
戦《たたか》う時《とき》がやってこよう
そのためにも 今《いま》は
力《ちから》を蓄《たくわ》えておかね
ばなー―
いただきまー…
待《ま》て！
ズパッ
ズドんっ

幕府《ばくふ》に反対《はんたい》した勢力《せいりょく》、助《たす》けた勢力《せいりょく》

① 幕府《ばくふ》に反対《はんたい》した「尊王攘夷《そんのうじょうい》」派《は》

幕府《ばくふ》が外国《がいこく》とのつき合《あ》いを増《ふ》やそうとするのとは反《はん》対《たい》に、外国人《がいこくじん》を追《お》い出《だ》そうという考《かんが》え（*攘夷論《じょういろん》）の人《ひと》たちがいました。この考《かんが》えが、天皇《てんのう》を尊《とうと》い存在《そんざい》とする考《かんが》え（尊王論《そんのうろん》）と結《むす》びついたのが「尊王攘夷《そんのうじょうい》」で、長州藩《ちょうしゅうはん》（山口県《やまぐちけん》）を中心《ちゅうしん》に強《つよ》まり、日本《にほん》の尊《とうと》い王《おう》である天皇《てんのう》のもとに人々《ひとびと》を結集《けっしゅう》させ、力《ちから》を合《あ》わせて外国《がいこく》人《じん》を追《お》い払《はら》おうと運動《うんどう》しました。また、幕府《ばくふ》のやり方《かた》を激《はげ》しく攻撃《こうげき》しました。

*攘夷《じょうい》＝夷《い》（外国《がいこく》）を攘《はら》うという意味《いみ》

もの知《し》りコラム

江戸時代《えどじだい》の全国支配《ぜんこくしはい》システム
幕府《ばくふ》と「藩《はん》」

江戸時代《えどじだい》、日本各地《にほんかくち》には、今《いま》のような都道府県《とどうふけん》ではなくさまざまな「藩《はん》」があり、藩主《はんしゅ》（大名《だいみょう》）が治《おさ》めていました。江戸幕府《えどばくふ》は、藩《はん》を取《と》りつぶしたり、領地《りょうち》を替《か》えたりする力《ちから》をもっていて、全国《ぜんこく》の藩《はん》を支配《しはい》していたのです。しかし、幕府《ばくふ》の力《ちから》が弱《よわ》まった幕末《ばくまつ》には、力《ちから》をつけた藩《はん》が幕府《ばくふ》に反対《はんたい》したり、国《くに》の政治《せいじ》に参加《さんか》したりするようになりました。

もの知《し》りコラム

幕府《ばくふ》と尊王攘夷派《そんのうじょういは》の対立《たいりつ》が生《う》んだ悲劇《ひげき》
安政《あんせい》の大獄《たいごく》&《アンド》桜田門外《さくらだもんがい》の変《へん》

幕府《ばくふ》の大老《たいろう》・井伊直弼《いいなおすけ》は、朝廷《ちょうてい》（天皇《てんのう》）の許《ゆる》しを得《え》ずに日米修好《にちべいしゅうこう》通商条約《つうしょうじょうやく》を結《むす》び、将軍《しょうぐん》の後継《あとつ》ぎを決《き》めました。そして、反対派《はんたいは》の人々《ひとびと》が非難《ひなん》すると、彼《かれ》らを厳《きび》しく罰《ばっ》し、処刑《しょけい》しました（安政《あんせい》の大獄《たいごく》）。反対派《はんたいは》の人々《ひとびと》は激《はげ》しく怒《おこ》り、1860（安政《あんせい》7）年《ねん》3月《がつ》、江戸《えど》城《じょう》（現在《げんざい》の皇居《こうきょ》）の桜田門《さくらだもん》の外《そと》で井伊直弼《いいなおすけ》を襲《おそ》い、暗殺《あんさつ》しました（桜田門外《さくらだもんがい》の変《へん》）。この事件《じけん》は、幕府《ばくふ》の力《ちから》がさらに弱《よわ》まる大《おお》きなきっかけになりました。

幕末《ばくまつ》のキーパーソン 2

暗殺《あんさつ》された幕府《ばくふ》の大老《たいろう》

井伊直弼《いいなおすけ》

★生没年《せいぼつねん》 1815～1860年《ねん》

幕府《ばくふ》の大老《たいろう》。天皇《てんのう》の許《ゆる》しを得《え》ずに日米修好通《にちべいしゅうこうつう》商条約《しょうじょうやく》に調印《ちょういん》し、反対《はんたい》する人々《ひとびと》を取《と》り締《し》まったが、暗殺《あんさつ》された。

② 幕府《ばくふ》を助《たす》けた薩摩藩《さつまはん》や「新選組《しんせんぐみ》」

薩摩藩《さつまはん》（鹿児島県《かごしまけん》）や会津藩《あいづはん》（福島県《ふくしまけん》）、土佐藩《とさはん》（高知県《こうちけん》）の重臣《じゅうしん》たちは幕府《ばくふ》に反対《はんたい》するのではなく、幕府《ばくふ》を助《たす》けて政治《せいじ》に参加《さんか》するようになりました。一方《いっぽう》、水《み》戸藩《とはん》（茨城県《いばらきけん》）や長州藩《ちょうしゅうはん》は尊王攘夷《そんのうじょうい》を主張《しゅちょう》し、二《ふた》つの勢力《せいりょく》は対立《たいりつ》して、やがて激《はげ》しく争《あらそ》うようになりました。会津藩《あいづはん》に属《ぞく》した「新選組《しんせんぐみ》」のように、尊王攘夷派《そんのうじょういは》を取《と》り締《し》まって幕府《ばくふ》を助《たす》ける集団《しゅうだん》もありました（↓74ページ）。

もの知《し》りコラム

朝廷《ちょうてい》と幕府《ばくふ》を結《むす》びつける「公武合体《こうぶがったい》」政策《せいさく》
将軍《しょうぐん》が天皇《てんのう》の妹《いもうと》と結婚《けっこん》

井伊直弼《いいなおすけ》が暗殺《あんさつ》された後《あと》、幕府《ばくふ》の中心《ちゅうしん》となった老中《ろうじゅう》・安藤信正《あんどうのぶまさ》は、朝廷《ちょうてい》（公《おおやけ》）と幕府《ばくふ》（武《ぶ》）の結《むす》びつきを強《つよ》めて幕府《ばくふ》の力《ちから》を取《と》り戻《もど》そうと考《かんが》え、孝明天皇《こうめいてんのう》の妹《いもうと》・和宮《かずのみや》を14代将軍《だいしょうぐん》・徳川家茂《とくがわいえもち》の妻《つま》に迎《むか》えようとしました。これを「公武合体《こうぶがったい》」といいます。

しかし、結婚相手《けっこんあいて》が決《き》まっていた和宮《かずのみや》を強引《ごういん》に将軍《しょうぐん》と結婚《けっこん》させるというやり方《かた》が尊王攘夷派《そんのうじょういは》から激《はげ》しく非難《ひなん》され、1862（文久《ぶんきゅう》2）年《ねん》1月《がつ》、安藤信正《あんどうのぶまさ》は尊王攘夷派《そんのうじょういは》の人《ひと》たちに江戸城《えどじょう》の坂下門《さかしたもん》の外《そと》で襲《おそ》われてケガをし（坂下門外《さかしたもんがい》の変《へん》）、地位《ちい》を失《うしな》いました。

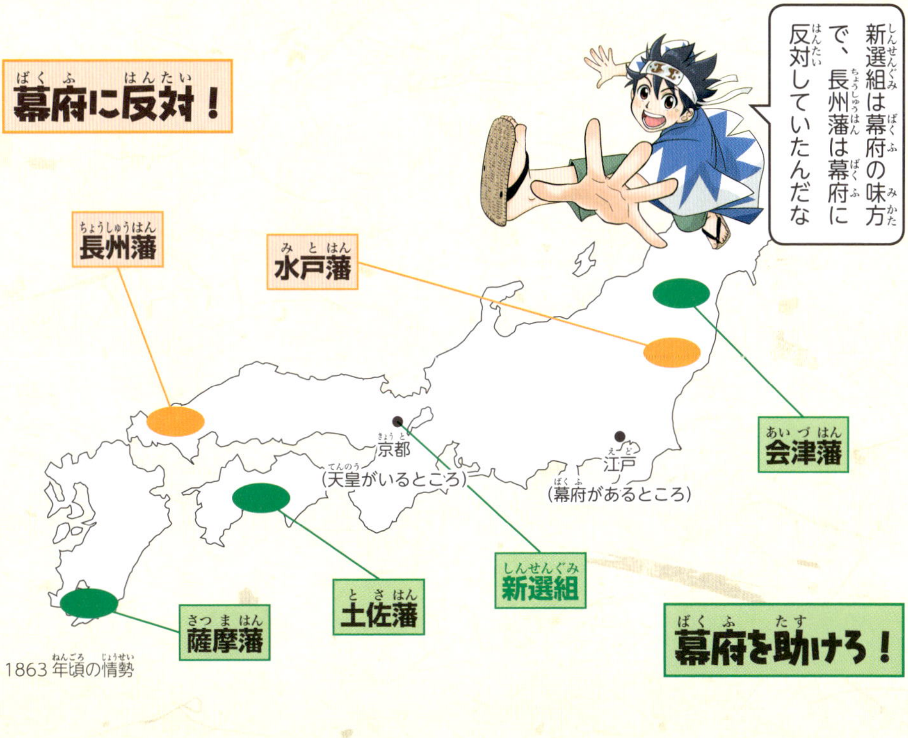

1863年頃《ねんごろ》の情勢《じょうせい》

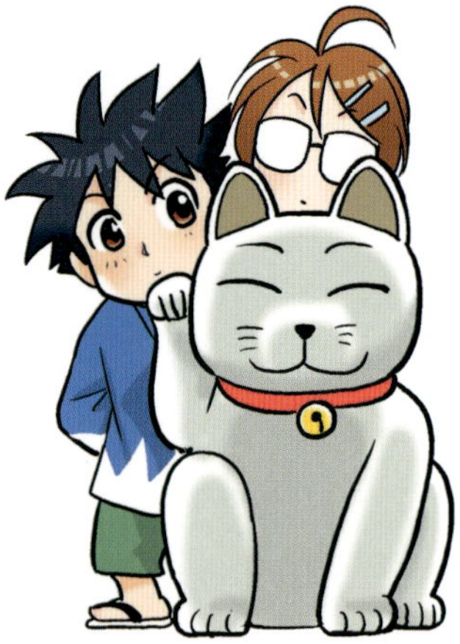

3章《しょう》 ノブの居場所《いばしょ》を突《つ》き止《と》めた！

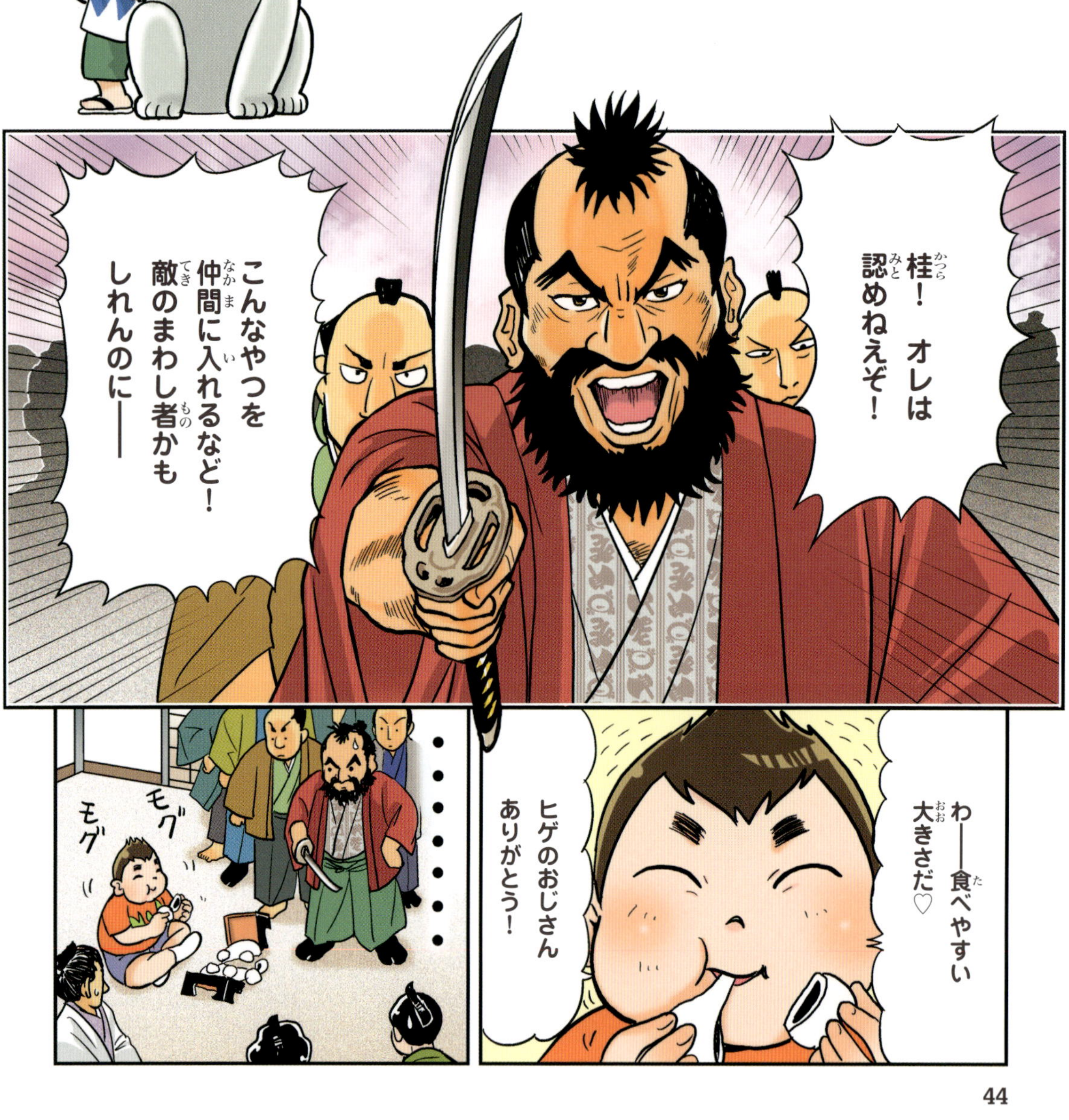

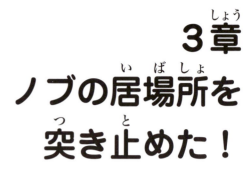

コイツは
新選組《しんせんぐみ》と一緒《いっしょ》にいたそうじゃねえか! 信用《しんよう》できねえ
のんびり食《た》べてんじゃねー
だが強《つよ》いぞ!?
大《おお》きな戦力《せんりょく》になる
ふははは
戦力《せんりょく》だと!? 笑《わら》わせるな! 戦《たたか》おうともしない腰抜《こしぬ》けのくせに!
何《なん》だと!?
もういっぺん言《い》ってみろ!!
チャッ
まあ待《ま》て高杉《たかすぎ》!
だっ
戦《たたか》うべき時《とき》は来《く》る——
しかし それは今《いま》ではない!

ふんっ
そんな腰抜《こしぬ》けだから 幕府《ばくふ》のやつらにも新選組《しんせんぐみ》にも いいようにやられるのだ
オレはもう待《ま》てん! おまえらが何《なん》と言《い》おうと 決起《けっき》する!!
はー、
もう あいつらは 止《と》められんな
いや! オレはまだあきらめずに 説得《せっとく》を続《つづ》けるが……
おまえは長州《ちょうしゅう》へ帰《かえ》れ 高杉《たかすぎ》
おまんじゅう いらなかった のかな?
やがて戦《たたか》うべき日《ひ》に 備《そな》えてな
・・・・

あっ！　おまえ
まんじゅうほとんど
食《く》っちまいやがったな
だって
出《だ》されたものは
すぐ食《た》べなくちゃ～
食料《しょくりょう》も
たくわえておかねば
ならんのだ！
今《いま》食《た》べられるものを
食《た》べておかなくちゃ～
桂《かつら》さん……ちょっと
相談《そうだん》があるんだが……
この顔《かお》の男《おとこ》の子《こ》
知《し》りませんか？
ねず
人《びと》
力《ちから》もち

ああっ これとそっくりな子《こ》を
角《かど》のうどん屋《や》あたりで
見《み》かけたよ
ホント!?
でんっ
福
まねきねこ……
くそーっ
からかわれた～
あーん
は――っ
もう足《あし》が
棒《ぼう》になっちまった
ぜ～
ぺたん
ん？

足《あし》が棒《ぼう》になったら
当《あ》たり棒《ぼう》見《み》つけた——!!
あたり◉もう一本《いっぽん》どうぞ
しかも みんな大好《だいす》きなアイス
「シャリシャリちゃん」の
当《あ》たり棒《ぼう》だ——っ
シュンたら まったく子《こ》どもね
そんなことで喜《よろこ》んで
ユイ!
「シャリシャリちゃん」を
バカにするなよ!
「シャリシャリちゃん」は
いろんな味《あじ》があるアイスで
全国《ぜんこく》の少年少女《しょうねんしょうじょ》に大人気《だいにんき》なんだぞ!
ちなみにオレは「コーラ味《あじ》」イチオシ!
キノコ
イチゴ
バナナ
コーラ
でも……
何《なん》で「シャリ
シャリちゃん」の
当《あ》たり棒《ぼう》がココに?
・・・

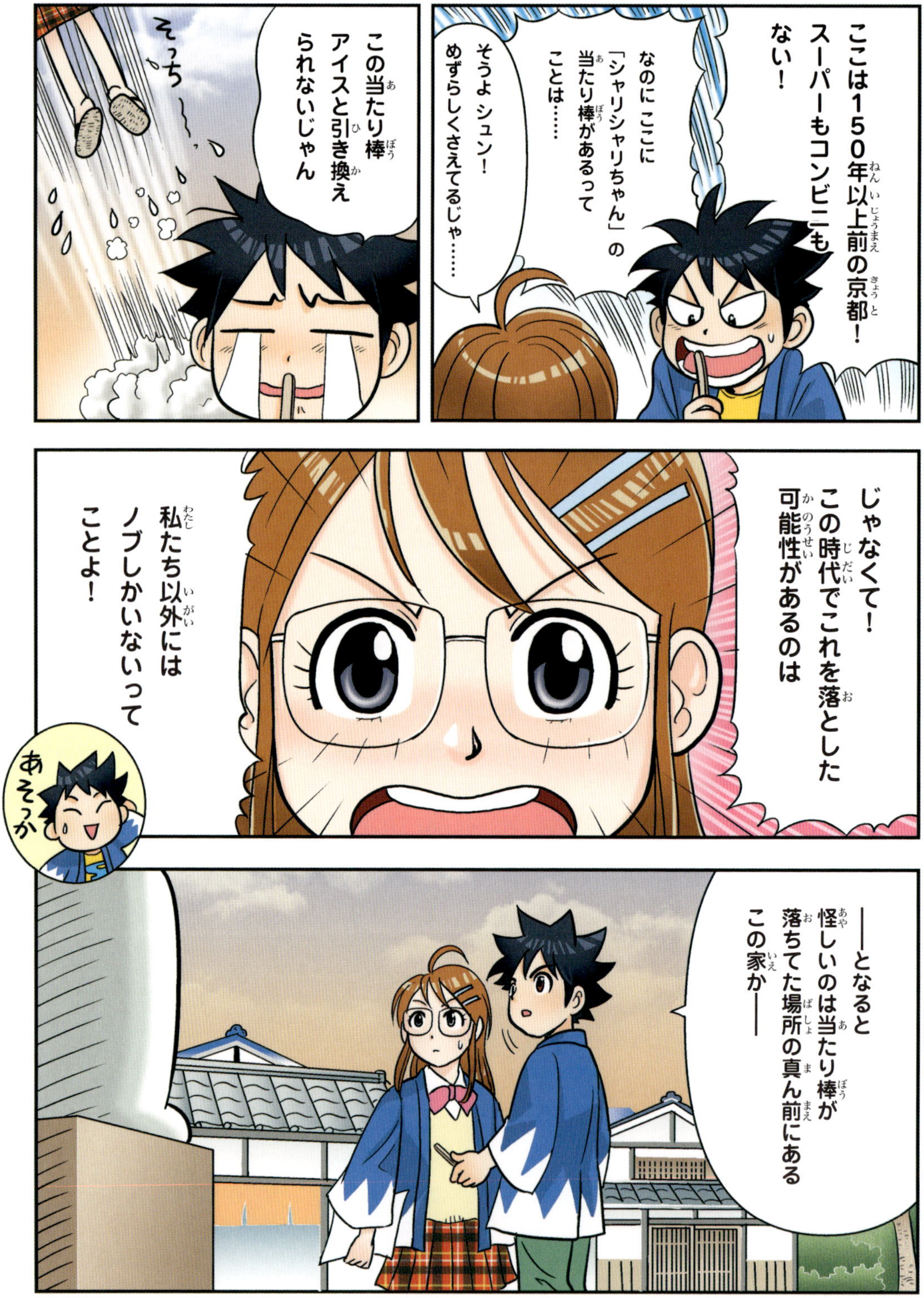
ここは150年《ねん》以《い》上前《じょうまえ》の京都《きょうと》！
スーパーもコンビニもない！
なのに ここに「シャリシャリちゃん」の当《あ》たり棒《ぼう》があるってことは……
そうよ シュン！めずらしくさえてるじゃ……
この当《あ》たり棒《ぼう》アイスと引《ひ》き換《か》えられないじゃん
そっち～～
じゃなくて！この時代《じだい》でこれを落《お》とした可能性《かのうせい》があるのは
私《わたし》たち以外《いがい》にはノブしかいないってことよ！
あそっか
——となると怪《あや》しいのは当《あ》たり棒《ぼう》が落《お》ちてた場所《ばしょ》の真《ま》ん前《まえ》にあるこの家《いえ》か——

ごめんくださーい!!
だれかいませんかーーー!!
どんどん
どんどん
シュン！
何《なに》すんのよ
——!!
ギギィ..
ぬうぅ

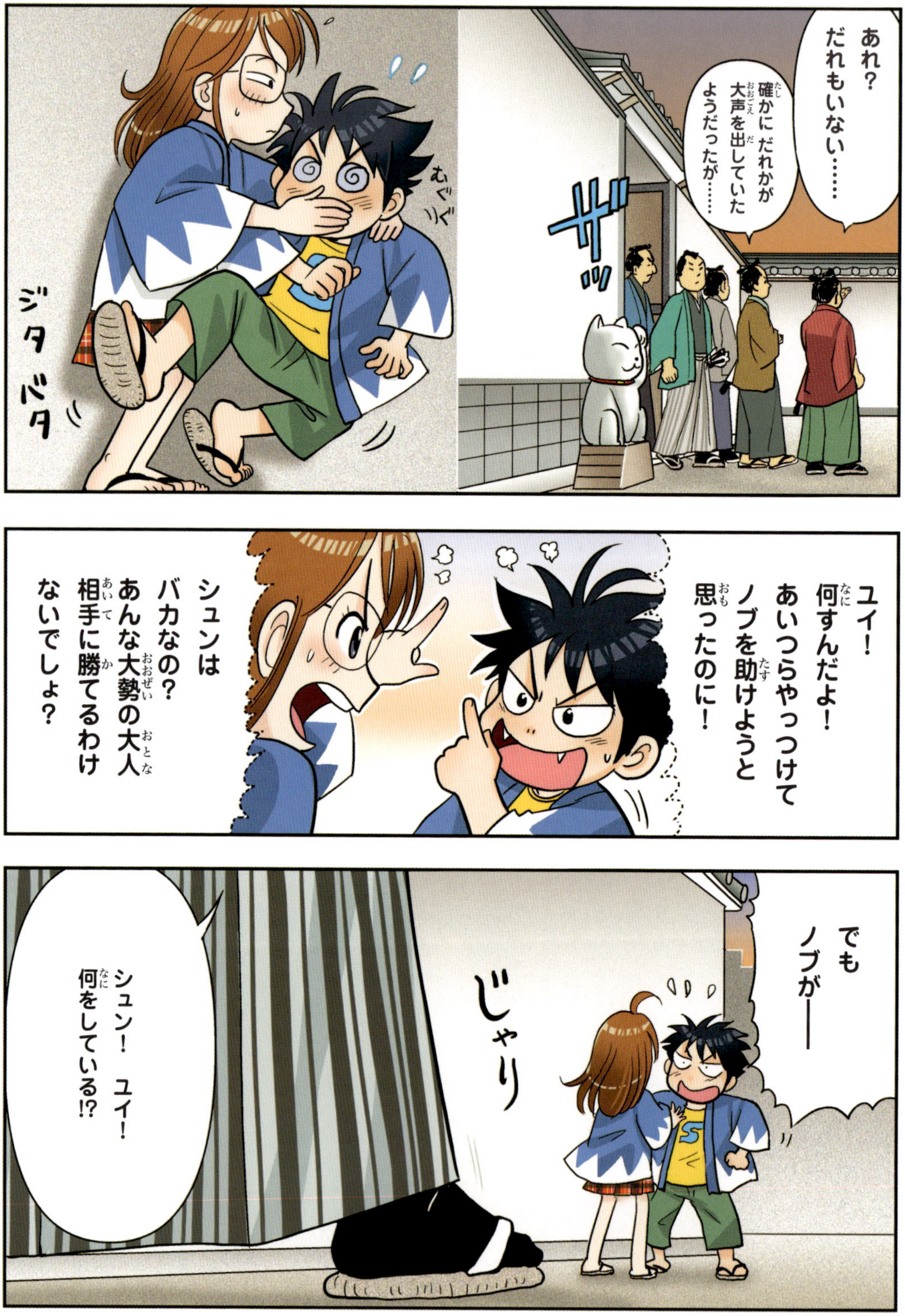

あれ？ だれもいない……
確《たし》かに だれかが 大声《おおごえ》を出《だ》していた ようだったが……
ザッ
むぐぐ
ジタ バタ
ユイ！ 何《なに》すんだよ！ あいつらやっつけて ノブを助《たす》けようと 思《おも》ったのに！
シュンは バカなの？ あんな大勢《おおぜい》の大人《おとな》 相手《あいて》に勝《か》てるわけ ないでしょ？
でも ノブが――
じゃり
シュン！ ユイ！ 何《なに》をしている⁉

あっ！土方《ひじかた》さん!!
ノブはきっとここにいるはずなんです！
ノブが持《も》っていたものがココに落《お》ちてたの！

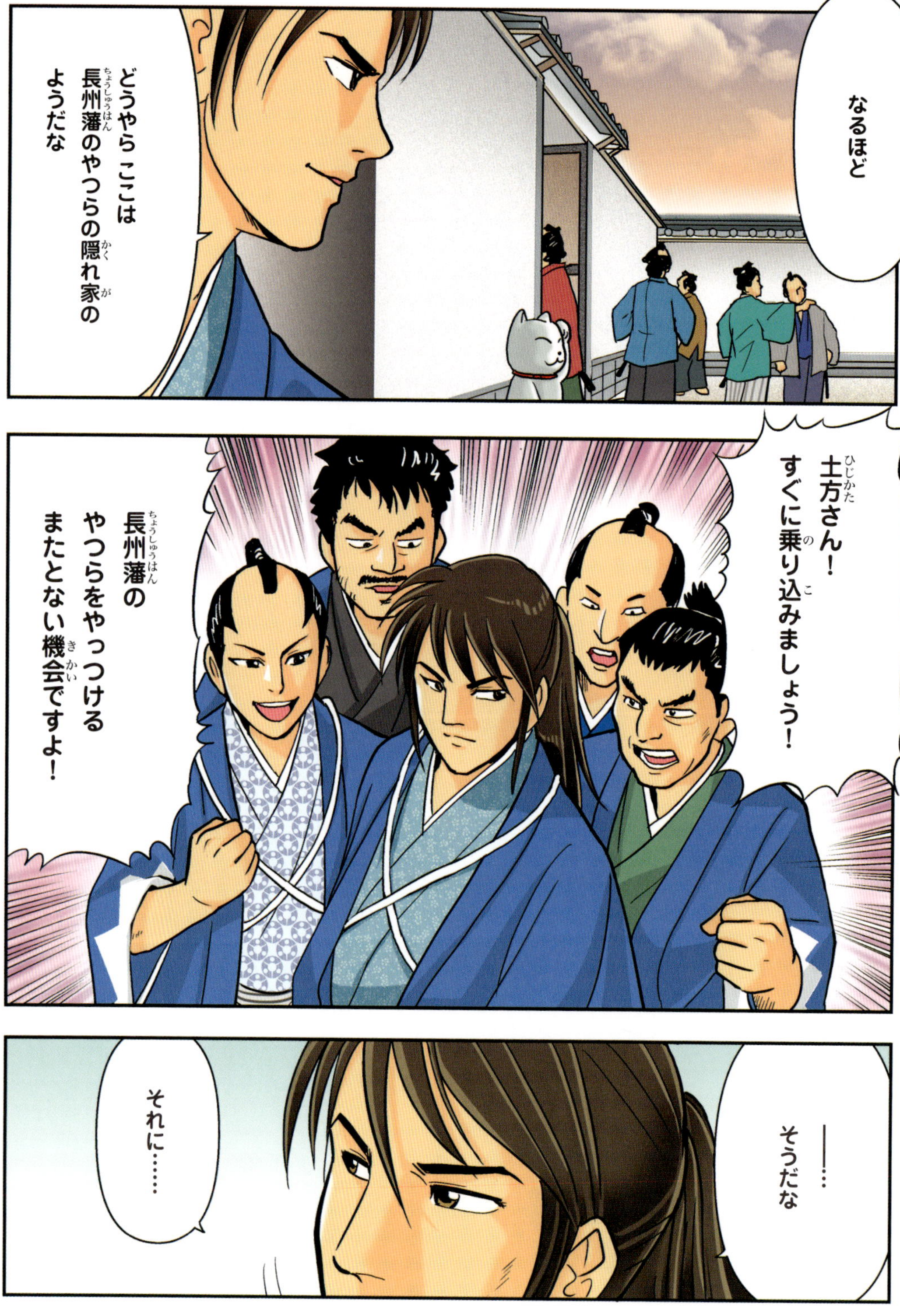
なるほど
どうやら ここは長州藩《ちょうしゅうはん》のやつらの隠《かく》れ家《が》のようだな
土方《ひじかた》さん！すぐに乗《の》り込《こ》みましょう！
長州藩《ちょうしゅうはん》のやつらをやっつけるまたとない機会《きかい》ですよ！
――……そうだな
それに……

おまえたちの仲間《なかま》も助《たす》け出《だ》さないとな!
はい オレたちも一緒《いっしょ》に! なあ ユイ!
もちろん!!
危険《きけん》だぞ? 命《いのち》を落《お》とすかもしれれん
わかってるよ!
でも…… ノブを救《すく》い出《だ》したいんです
よし わかった
だれか防具《ぼうぐ》を用意《ようい》してやってくれ
はい こんなこともあろうかと用意《ようい》してたぜ
ほら これつけな!

ユイ さっきはオレのこと止《と》めてくれてありがとうな
オレたちだけで飛《と》び込《こ》んでいってもムリだったよ
なっ……何言《なにい》ってんのよ！シュンらしくもない！
いやいやすげーよ
必《かなら》ず——
おまえがいてくれるとホント頼《たよ》りになるぜ
よし！行《い》くぞ!!

ノブを
救《すく》い出《だ》そうな！
うん!!
オオ

TIME WARP memo
歴史《れきし》なるほどメモ③

長州藩《ちょうしゅうはん》の人材《じんざい》を育《そだ》てた松下村塾《しょうかそんじゅく》

①「松下村塾《しょうかそんじゅく》」から総理大臣《そうりだいじん》がふたり誕生《たんじょう》

幕末《ばくまつ》、長州藩《ちょうしゅうはん》では、吉田松陰《よしだしょういん》が「松下村塾《しょうかそんじゅく》」で、下級武士《かきゅうぶし》や庶民《しょみん》の若者《わかもの》らに尊王攘夷思想《そんのうじょういしそう》などを教《おし》えました。高杉晋作《たかすぎしんさく》のほか、のちに総理大臣《そうりだいじん》となる伊藤博文《いとうひろぶみ》、山県有朋《やまがたありとも》も教《おそ》わりました。桂小五郎《かつらこごろう》（木戸孝允《きどたかよし》）は弟子《でし》ではありませんが、影響《えいきょう》を受《う》けました。

そんな松陰《しょういん》の教《おし》え子《ご》たちの熱意《ねつい》に突《つ》き動《うご》かされる形《かたち》で、藩《はん》の考《かんが》えも尊王攘夷《そんのうじょうい》になりました。

幕末《ばくまつ》のキーパーソン 3

「松下村塾《しょうかそんじゅく》」で人材育成《じんざいいくせい》

吉田松陰《よしだしょういん》

★生没年《せいぼつねん》 1830～1859年《ねん》

長州藩《ちょうしゅうはん》の藩士《はんし》、教育者《きょういくしゃ》・思想家《しそうか》。「松下村塾《しょうかそんじゅく》」で高杉晋作《たかすぎしんさく》や伊藤博文《いとうひろぶみ》らを育《そだ》てたが、幕府《ばくふ》の政策《せいさく》を批判《ひはん》し、安政《あんせい》の大獄《たいごく》で死罪《しざい》に。

国立国会図書館ＨＰから

もの知《し》りコラム

泣《な》いたり怒《おこ》ったり 松陰先生《しょういんせんせい》の白熱教室《はくねつきょうしつ》

松下村塾《しょうかそんじゅく》は身分《みぶん》を問《と》わずだれでも勉強《べんきょう》できる学校《がっこう》でした。決《き》まった教科書《きょうかしょ》も時間割《じかんわり》もなく、生徒《せいと》は好《す》きな時《とき》に来《き》て、自分《じぶん》に合《あ》った教科書《きょうかしょ》を選《えら》び、松陰先生《しょういんせんせい》が一人《ひとり》ひとりに合《あ》った指導《しどう》をしました。松陰先生《しょういんせんせい》が特《とく》に力《ちから》を入《い》れたのが歴史《れきし》の勉強《べんきょう》で、自分《じぶん》が歴史上《れきしじょう》の人物《じんぶつ》になりきって、泣《な》いたり怒《おこ》ったりしながら授業《じゅぎょう》をしたそうです。

私《わたし》も松陰先生《しょういんせんせい》に教《おそ》わりたい！

「松下村塾《しょうかそんじゅく》」として使《つか》われていた建物《たてもの》

写真：朝日新聞社

幕《ばく》末《まつ》のキーパーソン 4

「奇兵隊《きへいたい》」生《う》みの親《おや》

高杉晋作《たかすぎしんさく》

★生没年《せいぼつねん》 1839～1867 年《ねん》

長州藩《ちょうしゅうはん》の藩士《はんし》。松下村塾《しょうかそんじゅく》に学《まな》び、尊王攘夷運《そんのうじょういうん》動《どう》の活動家《かつどうか》になって「奇兵隊《きへいたい》」を組織《そしき》。藩《はん》の方針《ほうしん》を尊王攘夷《そんのうじょうい》へと方針転換《ほうしんてんかん》させた。

国立国会図書館ＨＰから

幕《ばく》末《まつ》のキーパーソン 5

明治政府《めいじせいふ》でも活躍《かつやく》

桂小五郎《かつらこごろう》（木戸孝允《きどたかよし》）

★生没年《せいぼつねん》 1833～1877 年《ねん》

長州藩《ちょうしゅうはん》の藩士《はんし》。藩《はん》の尊王攘夷運動《そんのうじょういうんどう》のリーダー格《かく》として、薩摩藩《さつまはん》と「薩長連合《さっちょうれんごう》」を結《むす》ぶ。明《めい》治政府《じせいふ》でも役人《やくにん》として活躍《かつやく》した。

国立国会図書館ＨＰから

幕《ばく》末《まつ》のキーパーソン 6

日本最初《にほんさいしょ》の総理大臣《そうりだいじん》

伊藤博文《いとうひろぶみ》

★生没年《せいぼつねん》 1841～1909 年《ねん》

長州藩《ちょうしゅうはん》の農民出身《のうみんしゅっしん》（後《のち》に下級武士《かきゅうぶし》の養子《ようし》）で、17 歳《さい》で松下村塾《しょうかそんじゅく》に入門《にゅうもん》。明治政府《めいじせいふ》で内閣制《ないかくせい》度《ど》がつくられ、初代総理大臣《しょだいそうりだいじん》となった。

国立国会図書館ＨＰから

幕《ばく》末《まつ》のキーパーソン 7

日本陸軍《にほんりくぐん》の基礎《きそ》をつくった

山県有朋《やまがたありとも》

★生没年《せいぼつねん》 1838～1922 年《ねん》

長州藩《ちょうしゅうはん》の下級武士《かきゅうぶし》の家《いえ》に生《う》まれ、21 歳《さい》で松《しょう》下村塾《かそんじゅく》に入門《にゅうもん》。明治政府《めいじせいふ》では日本陸軍《にほんりくぐん》の基礎《きそ》をつくり、総理大臣《そうりだいじん》に2回就任《かいしゅうにん》した。

国立国会図書館ＨＰから

4章《しょう》
ノブが消《き》えた!?

ワ
ワ
ワ
ノブ――!!
むう……
ダン
どこなの――!
新選組《しんせんぐみ》……
やっかいな連中《れんちゅう》に
攻《せ》め込《こ》まれたな
ここはひとまず退却《たいきゃく》しましょう
ドドド
ワ

ザッ
ノブッ!!
バッ
くそー
いないぞっ
広《ひろ》いな
この家《いえ》
どこに
いるのかしら
シュン!
あの音《おと》はっ
ノブのおならだ!!
2階《かい》へ!
ダダダダダダダ

じゅううう
スザッ
ノブ!!
……じゃないわね
食《く》うか?
焼《や》き揚《あ》げ豆腐《どうふ》

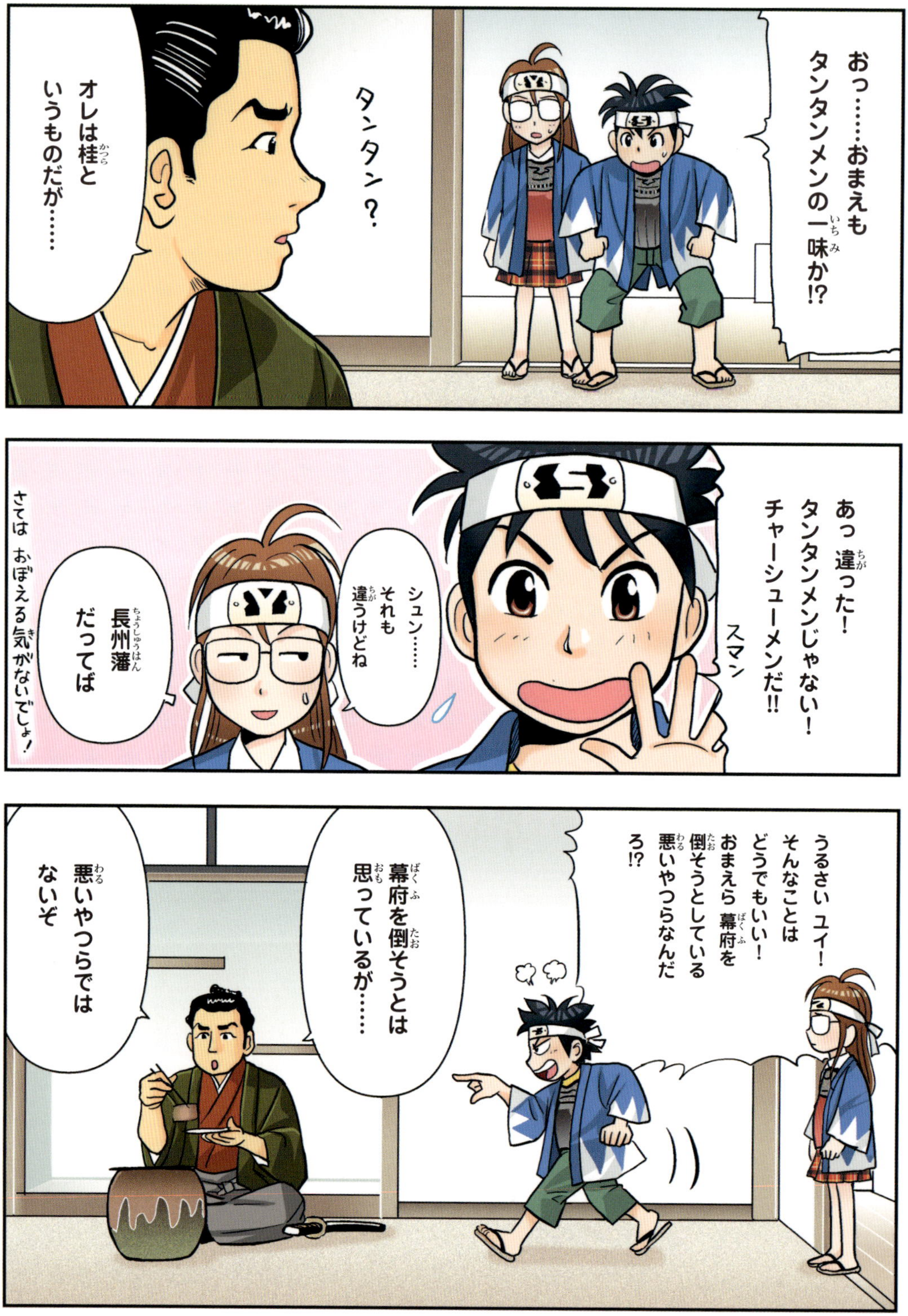
おっ……おまえもタンタンメンの一味《いちみ》か!?
タンタン?
オレは桂《かつら》というものだが……
あっ違《ちが》った!タンタンメンじゃない!チャーシューメンだ!!
スマン
シュン……それも違《ちが》うけどね
長州藩《ちょうしゅうはん》だってば
さては　おぼえる気《き》がないでしょ!
うるさい ユイ!そんなことはどうでもいい!おまえら 幕府《ばくふ》を倒《たお》そうとしている悪《わる》いやつらなんだろ!?
幕府《ばくふ》を倒《たお》そうとは思《おも》っているが……
悪《わる》いやつらではないぞ

ギラン
我《われ》らはこの日本《にほん》を外国《がいこく》から守《まも》るために決起《けっき》しているのだ
そっ……そんなことはどーでもいい!
新選組《しんせんぐみ》きちゃうぞ
まったくシュンはなんでもどーでもいいのね～
そんな話《はなし》を聞《き》いてるヒマはないんだ!! ノブはどこだ!?
ノブ……ああ! あの体《からだ》が大《おお》きくて 力《ちから》が強《つよ》くて 食《く》いしん坊《ぼう》の子《こ》どもか!
やっぱりノブを知《し》ってるのね!!
あいつもこれが好《す》きでな! 軽《かる》く20皿《さら》は食《た》べてしまいよった
それでノブはどこにいるの!?
わかる わかる わかる!

残念《ざんねん》ながら
もうここには
いないぞ
ウソだ!!
さっきのオナラの
音《おと》はノブのだったぞ
シュンの言《い》うとおりよ
この状況《じょうきょう》であんな
オナラができるのは……
へ?
あれはオレの
オナラだ……いや
失敬失敬《しっけいしっけい》
ちょっと待《ま》て
そこまで臭《くさ》くないだろう

そんなぁ
何で《なん》ノブとそっくりのオナラするんだーーっ!!
まぎらわしー
ぞっ…
でもノブはここにいたのよね!? どこに行《い》ったの? 桂《かつら》さん!!
じた ばた
それはだな 実《じつ》はやつは……
バァン
ぐわぁ
キャ
わっ
ゴロ ゴロ

おっと……どうやら説明《せつめい》してるヒマはないようだ
あっ 待《ま》て! 逃《に》がさないぞ!
とりゃ
とりゃ!
わ!
ドシッ
!!
フッ
バッ

ダッ
スマンな!
だが ノブとやらは無事《ぶじ》だ!
安心《あんしん》せい
そんな――
ちょっと待《ま》ってくれよ
おじさん……
おじさああああん!!

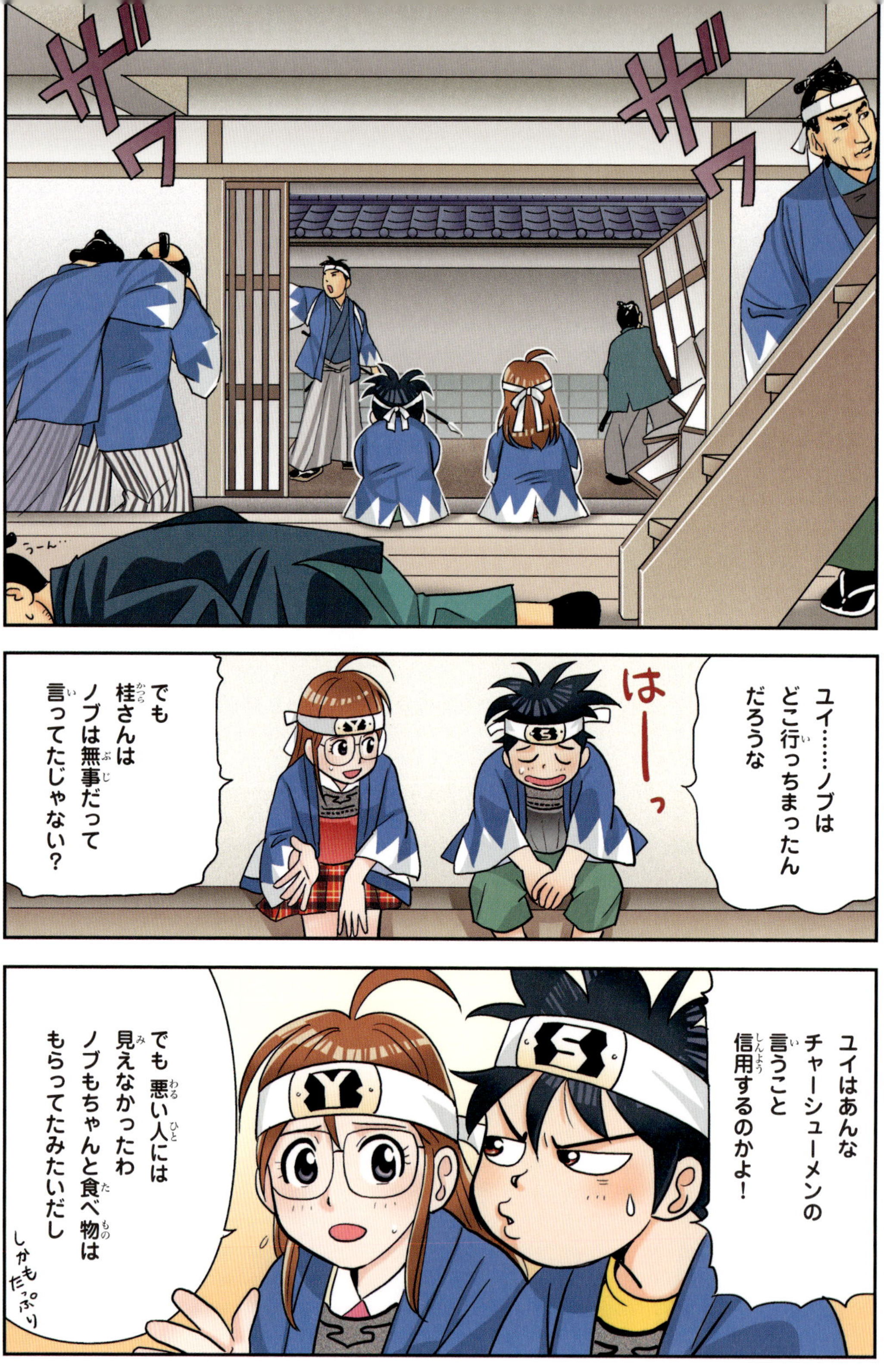
ザワ
ザワ
うーん‥
ユイ……ノブは どこ行《い》っちまったん だろうな
はーっ
でも 桂《かつら》さんは ノブは無事《ぶじ》だって 言《い》ってたじゃない？
ユイはあんな チャーシューメンの 言《い》うこと 信用《しんよう》するのかよ！
でも 悪《わる》い人《ひと》には 見《み》えなかったわ ノブもちゃんと食《た》べ物《もの》は もらってたみたいだし
しかも たっぷり

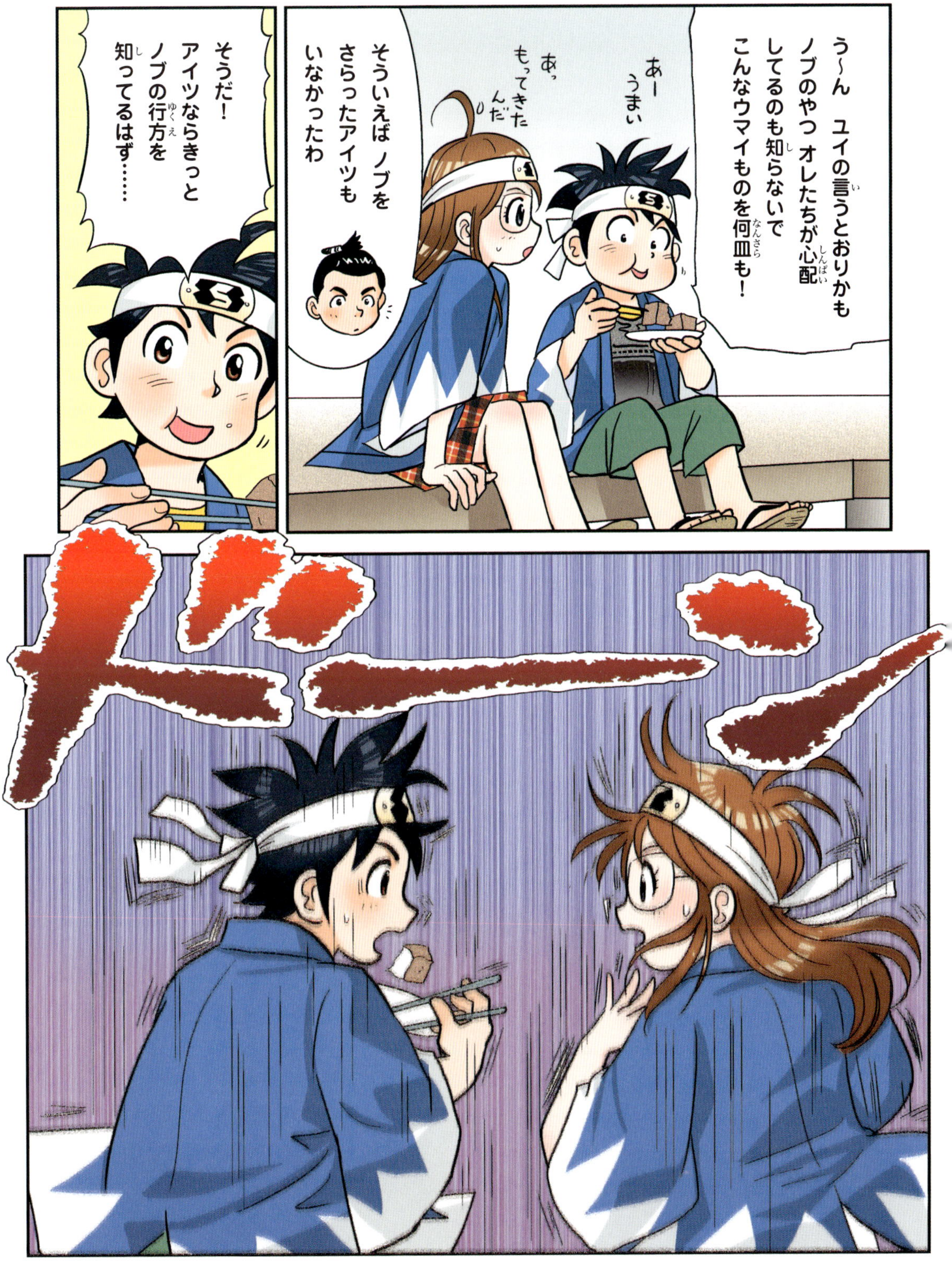
う〜ん　ユイの言《い》うとおりかも ノブのやつ オレたちが心配《しんぱい》してるのも知《し》らないで こんなウマイものを何皿《なんさら》も！
あー うまい
あっ もってきたんだ
そういえば ノブをさらったアイツもいなかったわ
そうだ！アイツならきっと ノブの行方《ゆくえ》を知《し》ってるはず……
ドダーン

なっ……
何だ《なん》!?
土方《ひじかた》さん!
ガッ
何《なに》が起《お》きたんですか!?
長州藩《ちょうしゅうはん》のやつらが大砲《たいほう》をぶっぱなしたらしい――
千数百人《せんすうひゃくにん》もの兵《へい》が京《きょう》に集《あつ》まって反乱《はんらん》を起《お》こしたんだ――!
ギリ…
町《まち》が燃《も》えてるぞ!

ボウ
まさか……ノブもあの中《なか》に……
ノブ――!!

TIME WARP memo
歴史《れきし》なるほどメモ④

新選組《しんせんぐみ》って何《なに》？

① 京都《きょうと》で尊王攘夷派《そんのうじょういは》を取《と》り締《し》まった

幕末《ばくまつ》の京都《きょうと》では、尊王攘夷派《そんのうじょういは》が騒動《そうどう》を起《お》こしていました。そこで、京都《きょうと》の治安《ちあん》を守《まも》るために組織《そしき》されたのが新選組《しんせんぐみ》です。

新選組《しんせんぐみ》のメンバーには、武士《ぶし》でなくてもなれました。局長《きょくちょう》の近藤勇《こんどういさみ》や副長《ふくちょう》の土方歳三《ひじかたとしぞう》も武蔵国多摩郡《むさしのくにたまぐん》（東京都西部《とうきょうとせいぶ》）の農民出身《のうみんしゅっしん》です。彼《かれ》らは武士《ぶし》になりたいとあこがれ、任務《にんむ》に励《はげ》んだそうです。

もの知《し》りコラム

破《やぶ》ると切腹《せっぷく》！「局中法度《きょくちゅうはっと》」

新選組《しんせんぐみ》の厳《きび》しい姿勢《しせい》は敵《てき》の尊王攘夷派《そんのうじょういは》だけでなく仲間《なかま》にも向《む》けられました。「局中法度《きょくちゅうはっと》」という厳《きび》しい規則《きそく》がつくられ、破《やぶ》った者《もの》は切腹《せっぷく》させられました。

一《いち》、**士道《しどう》ニ背《そむ》キ間敷事《まじきこと》**
（武士《ぶし》の生《い》き方《かた》に背《そむ》かぬこと）

一《いち》、**局《きょく》ヲ脱《だっ》スルヲ不許《ゆるさず》**
（新選組《しんせんぐみ》を勝手《かって》にやめぬこと）

一《いち》、**勝手《かって》ニ金策致不可《きんさくいたすべからず》**
（勝手《かって》に活動資金《かつどうしきん》を集《あつ》めぬこと）

一《いち》、**勝手《かって》ニ訴訟取扱不可《そしょうとりあつかうべからず》**
（勝手《かって》にもめごとを扱《あつか》わぬこと）

幕末《ばくまつ》のキーパーソン 8

幕臣《ばくしん》となった新選組《しんせんぐみ》の局長《きょくちょう》

近藤《こんどう》 勇《いさみ》

★生没年《せいぼつねん》 1834～1868年《ねん》
武蔵国《むさしのくに》の農民出身《のうみんしゅっしん》で、新選組《しんせんぐみ》の局長《きょくちょう》として活躍《かつやく》し、幕臣《ばくしん》となった。のちに新政府軍《しんせいふぐん》との戦《たたか》いに敗《やぶ》れ、処刑《しょけい》された。

国立国会図書館ＨＰから

幕末《ばくまつ》のキーパーソン 9

新選組《しんせんぐみ》の「鬼《おに》の副長《ふくちょう》」

土方歳三《ひじかたとしぞう》

★生没年《せいぼつねん》 1835～1869年《ねん》
新選組《しんせんぐみ》の副長《ふくちょう》として局長《きょくちょう》の近藤勇《こんどういさみ》を支《ささ》え、ルール破《やぶ》りを許《ゆる》さない厳《きび》しい性格《せいかく》から「鬼《おに》の副長《ふくちょう》」といわれた。新政府軍《しんせいふぐん》との戦《たたか》いで戦死《せんし》。

国立国会図書館ＨＰから

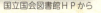

②池田屋事件《いけだやじけん》で名《な》を上《あ》げる

新選組《しんせんぐみ》が知《し》られるようになったきっかけは、1864（元治《げんじ》1）年《ねん》6月《がつ》の池田屋事件《いけだやじけん》でした。

尊王攘夷派《そんのうじょういは》が幕府《ばくふ》の重要人物《じゅうようじんぶつ》の暗殺《あんさつ》や天皇《てんのう》の誘拐《ゆうかい》を計画《けいかく》していると知《し》った新選組《しんせんぐみ》は、尊王攘夷派《そんのうじょういは》が集《あつ》まっていた京都《きょうと》の旅館《りょかん》・池田屋《いけだや》に踏《ふ》み込《こ》んだのです。約《やく》2時間《じかん》に及《およ》ぶ壮絶《そうぜつ》な戦《たたか》いの末《すえ》に、新選組《しんせんぐみ》は尊王攘夷派《そんのうじょういは》に大打撃《だいだげき》を与《あた》えました。

③武士《ぶし》として幕府《ばくふ》のために尽《つ》くす

結成《けっせい》から4年後《ねんご》の1867（慶応《けいおう》3）年《ねん》6月《がつ》、新選《しんせん》組《ぐみ》は幕臣《ばくしん》、つまり幕府《ばくふ》の家臣《かしん》として取《と》り立《た》てられました。「武士《ぶし》になる」という夢《ゆめ》がかなった近藤勇《こんどういさみ》や土方《ひじかた》歳三《としぞう》らは喜《よろこ》び、幕府《ばくふ》のために命《いのち》がけで働《はたら》きました。

その後《ご》、幕府《ばくふ》の力《ちから》はますます弱《よわ》まり、やがて新政《しんせい》府軍《ふぐん》に敗《やぶ》れますが、新選組《しんせんぐみ》は最後《さいご》まで幕府《ばくふ》（徳川家《とくがわけ》）のために戦《たたか》いました。そうした姿勢《しせい》が人々《ひとびと》の共感《きょうかん》を呼《よ》び、新選組《しんせんぐみ》は今《いま》でも高《たか》い人気《にんき》があります。

新選組《しんせんぐみ》の袖章《そでしょう》

「新選組《しんせんぐみ》」の隊士《たいし》が袖《そで》につけて、隊士《たいし》である証《あか》しとした

霊山歴史館蔵

5章《しょう》

火《ひ》の海《うみ》の中《なか》で

ちくしょう
どんどん火《ひ》の手《て》が
迫《せま》ってくる
ノブー!!
シュン……
ポンッ
ユイ！
ノブ見《み》つけた!?
ノブじゃないけど
……
……あれ
ノブをさらったやつ
じゃない？
ワー
ワー
ボウゥ

バッ
この野郎《やろう》──!!
ゴロゴロゴロゴロ
よくもノブを──
シュン!!
ノブをどこにやった──!!
!

あっ……ゴメン痛《いた》かった？
弱気《よわき》か！
なんだよっ自分《じぶん》がピンチの時《とき》になるとすぐ泣《な》いちゃってよっ
泣けばいいってもんじゃないんだぞっ
そ……そんなんじゃないっ！

京《きょう》を……
都《みやこ》を……
火《ひ》の海《うみ》にするなんて……
何言《なにい》ってんだよ!
おまえらの仕業《しわざ》だろっ!
こんなことしたのは一部《いちぶ》の者《もの》たちだ!
桂《かつら》さんたちはやつらを止《と》めようと――
桂《かつら》?

桂《かつら》さんってあの豆腐好《とうふず》きな……?
そしてオナラのくさい
おまえたち桂《かつら》さんを知《し》ってるのか?
おまえはその桂《かつら》っておじさんと一緒《いっしょ》にノブをつかまえてたんだろ?
ジロ
ノブはどこだ!?
そうか! おまえら あの時《とき》ノブと一緒《いっしょ》にいた……
今頃気《いまごろき》づいたのかよっ
ドン
て!! 何《なに》すんだ……

キイーン
火《ひ》を放《はな》ったのは
おまえらだな!?
何《なん》てヒドイ
ことを——

新選組《しんせんぐみ》をかばうとは……
テル…… やはりきさまも
新選組《しんせんぐみ》のまわし者《もの》だったのか
ギリリ
そうじゃない!!
ではなぜ
そいつらをかばう!?
こいつらは
ノブの仲間《なかま》だからだ!
そのノブこそが
怪《あや》しいやつではないかっ

うるさい!!
チイン
むっ
ふんっ！
ドッ
口《くち》ほどにもない！
桂《かつら》も高杉《たかすぎ》も
あまっちょろいのさ
おまえも思《おも》い知《し》る
がいい……
ぬらぁ

ガッ
これぞ本物《ほんもの》の
武士《ぶし》
かばぁ
本物《ほんもの》の
サムライよォ！
うっ
武士《ぶし》ってやつは
仲間《なかま》も平気《へいき》で
痛《いた》めつけるのかよっ！

はじめから ためらいなかったけどね

てぇい
ストラーイク!!
よしっ
ぐはあ
むう
とりゃあ
まてコラ〜
キャー
タタッ
あう
びよよよ〜ん
ぱっ
ドン…!
!

くっ
ジリ
ジリ‥
勝負《しょうぶ》あったようだな……
まぁ よくがんばったよ
ちくしょう……
シュン ユイ
おまえたちまで巻《ま》き込《こ》んでしまって……すまない
ノブだけでも無事《ぶじ》でありますように——!!

ダッ
ダッ
いっど待《ま》てぃ!!

京都《きょうと》を舞台《ぶたい》に勢力争《せいりょくあらそ》い

①薩摩藩《さつまはん》が朝廷《ちょうてい》の信頼《しんらい》を得《え》る

幕末《ばくまつ》、政治《せいじ》の争《あらそ》いの舞台《ぶたい》となったのが、当時《とうじ》、天皇《てんのう》がいた京都《きょうと》でした。幕府《ばくふ》に反対《はんたい》する者《もの》たちも、助《たす》けようとする者《もの》たちも、朝廷《ちょうてい》（天皇《てんのう》）の力《ちから》が必要《ひつよう》だと考《かんが》えたのです。

薩摩藩主《さつまはんしゅ》の父《ちち》・島津久光《しまづひさみつ》は、公武合体《こうぶがったい》の立場《たちば》から幕府《ばくふ》に改革《かいかく》を迫《せま》ります。幕府《ばくふ》はこれを受《う》け入《い》れますが、その際《さい》、京都《きょうと》の治安《ちあん》を守《まも》る京都守護職《きょうとしゅごしょく》をつくり、会津藩主《あいづはんしゅ》の松平容保《まつだいらかたもり》を任命《にんめい》しました。新選組《しんせんぐみ》も京都《きょうと》守護職《しゅごしょく》の元《もと》で活動《かつどう》しました。

②勢力《せいりょく》を伸《の》ばしてきた長州藩《ちょうしゅうはん》

一方《いっぽう》で、長州藩《ちょうしゅうはん》の尊王攘夷派《そんのうじょういは》の者《もの》たちは、力《ちから》を強《つよ》めた朝廷《ちょうてい》の一部《いちぶ》の公家《くげ》と手《て》を結《むす》んで、実権《じっけん》を握《にぎ》ります。彼《かれ》らは攘夷《じょうい》の決行《けっこう》を幕府《ばくふ》に迫《せま》り、幕府《ばくふ》もしぶしぶこれを受《う》け入《い》れざるを得《え》なくなりました。

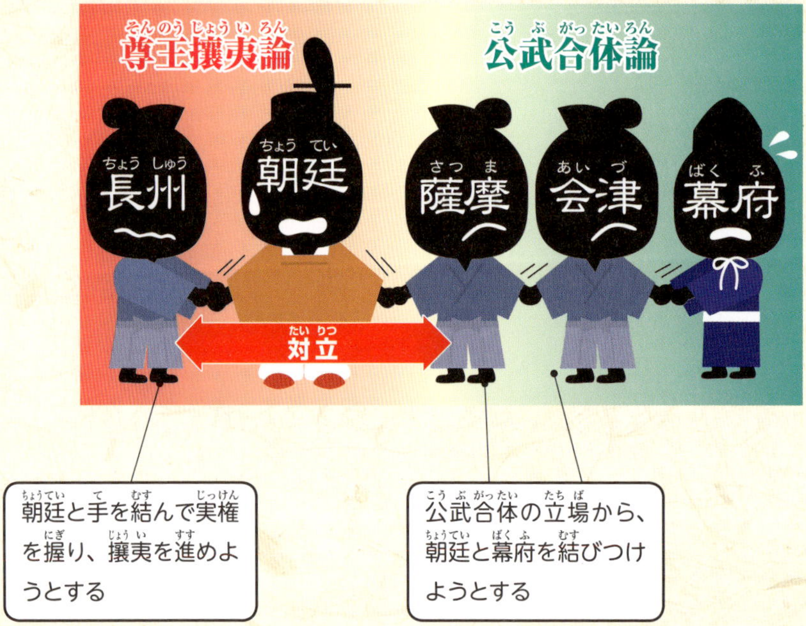

③ 薩摩藩《さつまはん》・会津藩《あいづはん》が長州藩《ちょうしゅうはん》追放《ついほう》！

しかし、朝廷《ちょうてい》の中《なか》では、長州藩《ちょうしゅうはん》の過激《かげき》な考《かんが》えに対《たい》する反発《はんぱつ》の声《こえ》が次第《しだい》に大《おお》きくなっていました。

そこで、薩摩藩《さつまはん》と会津藩《あいづはん》は、天皇《てんのう》の許可《きょか》を得《え》たうえで、密《ひそ》かに朝廷内部《ちょうていないぶ》の別《べつ》の勢力《せいりょく》と手《て》を結《むす》んで長《ちょう》州藩《しゅうはん》を追《お》い落《お》とす機会《きかい》をうかがいました。そして、1863（文久《ぶんきゅう》3）年《ねん》8月《がつ》に、長州藩《ちょうしゅうはん》の勢力《せいりょく》と朝廷《ちょうてい》内《ない》の尊王攘夷派《そんのうじょういは》の公家《くげ》を追放《ついほう》することに成功《せいこう》しました（八月十八日《はちがつじゅうはちにち》の政変《せいへん》）。

④ 長州藩《ちょうしゅうはん》がばん回《かい》を狙《ねら》うが失敗《しっぱい》

朝廷《ちょうてい》から追放《ついほう》された長州藩《ちょうしゅうはん》の中《なか》には、戦《たたか》って力《ちから》を取《と》り戻《もど》そうと考《かんが》える者《もの》たちがいました。桂小五郎《かつらこごろう》や高杉《たかすぎ》晋作《しんさく》は、やめるように説得《せっとく》をしましたが聞《き》き入《い》れられず、1864（元治《げんじ》1）年《ねん》7月《がつ》、長州藩《ちょうしゅうはん》の軍《ぐん》が京都《きょうと》を攻《せ》めて、天皇《てんのう》の住《す》む御所《ごしょ》を守《まも》る薩摩《さつま》・会津両藩《あいづりょうはん》などの軍《ぐん》と衝突《しょうとつ》しました。京都《きょうと》の町《まち》が火《ひ》の海《うみ》となる大騒《おおさわ》ぎの末《すえ》に、長州藩《ちょうしゅうはん》は敗《やぶ》れ、朝廷《ちょうてい》に刃向《はむ》かう「朝敵《ちょうてき》」とされてしまいました（禁門《きんもん》の変《へん》）。

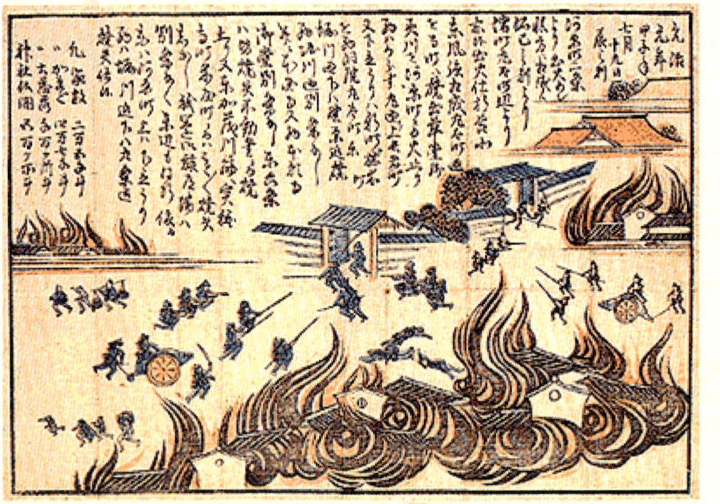

禁門《きんもん》の変《へん》を描《えが》いたかわら版《ばん》（江戸時代《えどじだい》の新聞《しんぶん》）　京都市歴史資料館蔵

6章《しょう》

ノブを追《お》え！

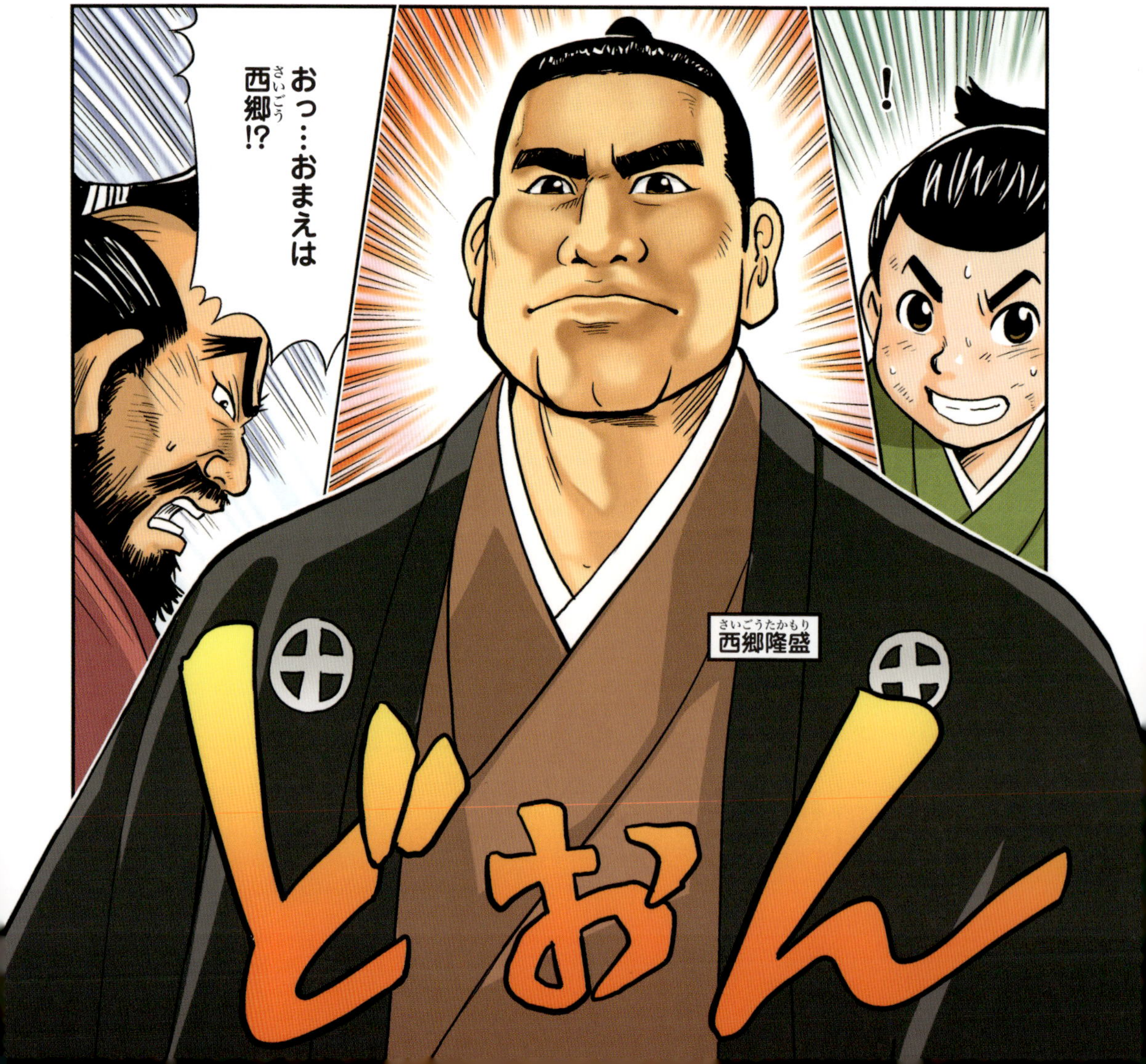

あれが西郷《さいごう》……
うん…
――…って だれ?
ずるっ
まったく シュンは～
西郷隆盛《さいごうたかもり》!! この時代《じだい》に活躍《かつやく》した薩摩藩《さつまはん》……鹿児島県出身《かごしまけんしゅっしん》の志士《しし》よ!
サツマイモの サイゴーか…
まったく……いつも薩摩藩《さつまはん》は 我《われ》ら長州藩《ちょうしゅうはん》のジャマばかり…… もう容赦《ようしゃ》せんぞ
ユラーーリ
ほう…… どうするで ごわすかな?
たたき切《き》るまで
キエエエ

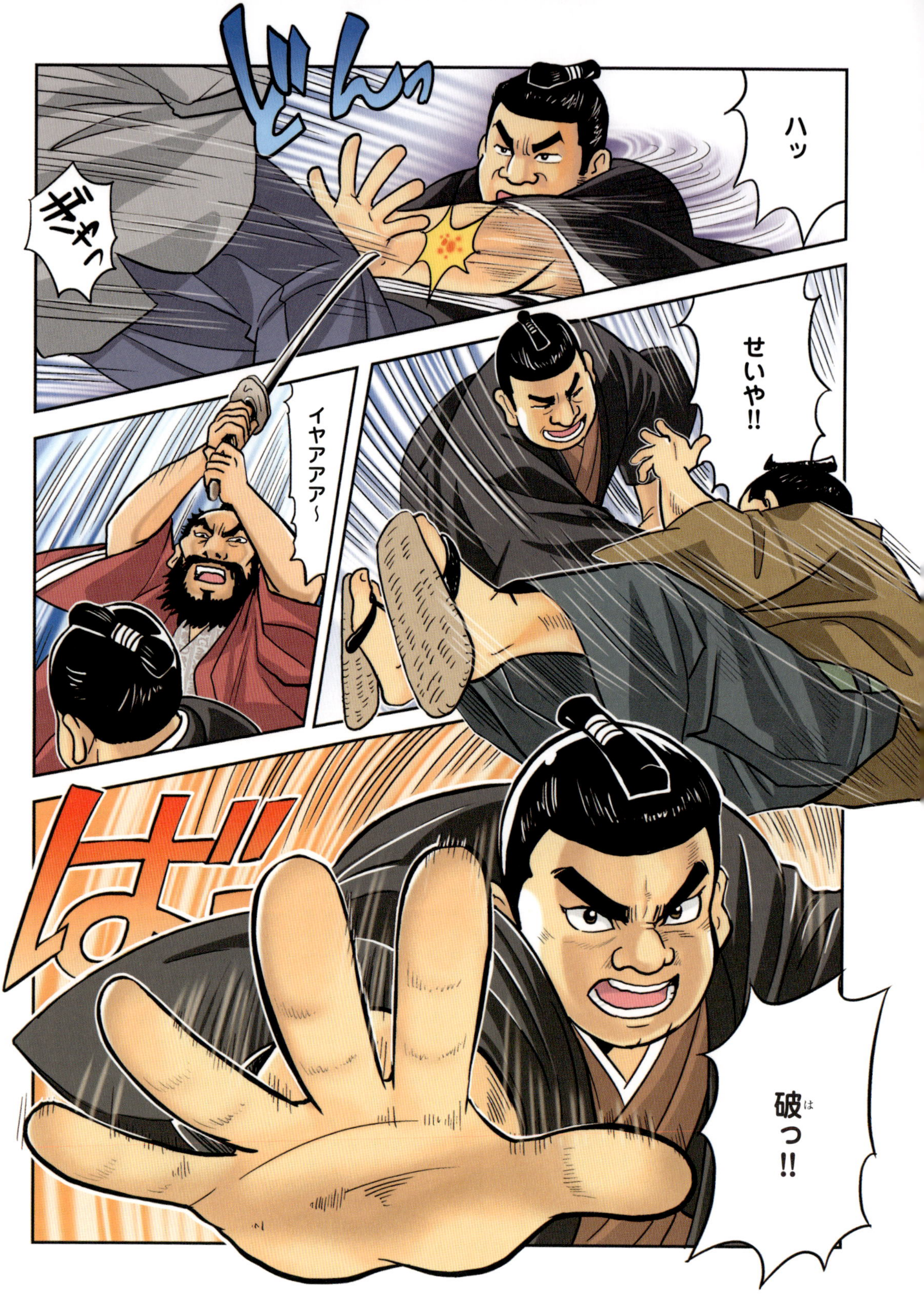

どんっ
ハッ
ぎゃっ
せいやっ!!
イヤアアア〜
ばっ
破《は》っ!!

どがん
つ……
サツマイモパワー?
つええ
おっ覚《おぼ》えてろ!
よわすぎ…
ぽんぽん
ずるずる
大丈夫《だいじょうぶ》か?

ハイ！
ありがとうございます!!
オイ
フン
テルって
言《い》ったっけ？
おまえも
お礼《れい》言《い》えよ
お礼《れい》なんてするもんか！
薩摩藩《さつまはん》は
オレたち長州藩《ちょうしゅうはん》の敵《てき》だ！
ほほう
ギラン
おぬしも
あいつらと同《おな》じ
長州藩《ちょうしゅうはん》の者《もの》か
今回《こんかい》の長州藩《ちょうしゅうはん》の反乱《はんらん》は
薩摩藩《さつまはん》がおさえたぞ

長州藩士《ちょうしゅうはんし》はあんなやつら
ばかりじゃない！
桂先生《かつらせんせい》や高杉先生《たかすぎせんせい》は
あいつらを止《と》めようと
していたんだ！
でも――
ハッ
それよりも
ノブはどこに行《い》ったの!?
テルは知《し》ってるんでしょ?
そうだよ テル！
教《おし》えろよ！
いろいろと事情《じじょう》が
ありそうだな
話《はなし》を聞《き》かせて
もらおうか

なるほどな……
おまえは長州藩《ちょうしゅうはん》の中《なか》でも暴走《ぼうそう》するやつらを止《と》めようとしたがかなわなかった
そして おまえたちはノブという仲間《なかま》を捜《さが》していると……
コク
コク

テル ノブはどこに行《い》ったの？
もう いいかげんに教《おし》えてよ
ノブは……
長州《ちょうしゅう》に行《い》った
チャーシューメン作《づく》りの修業《しゅぎょう》か！
どうして？
桂《かつら》さん……

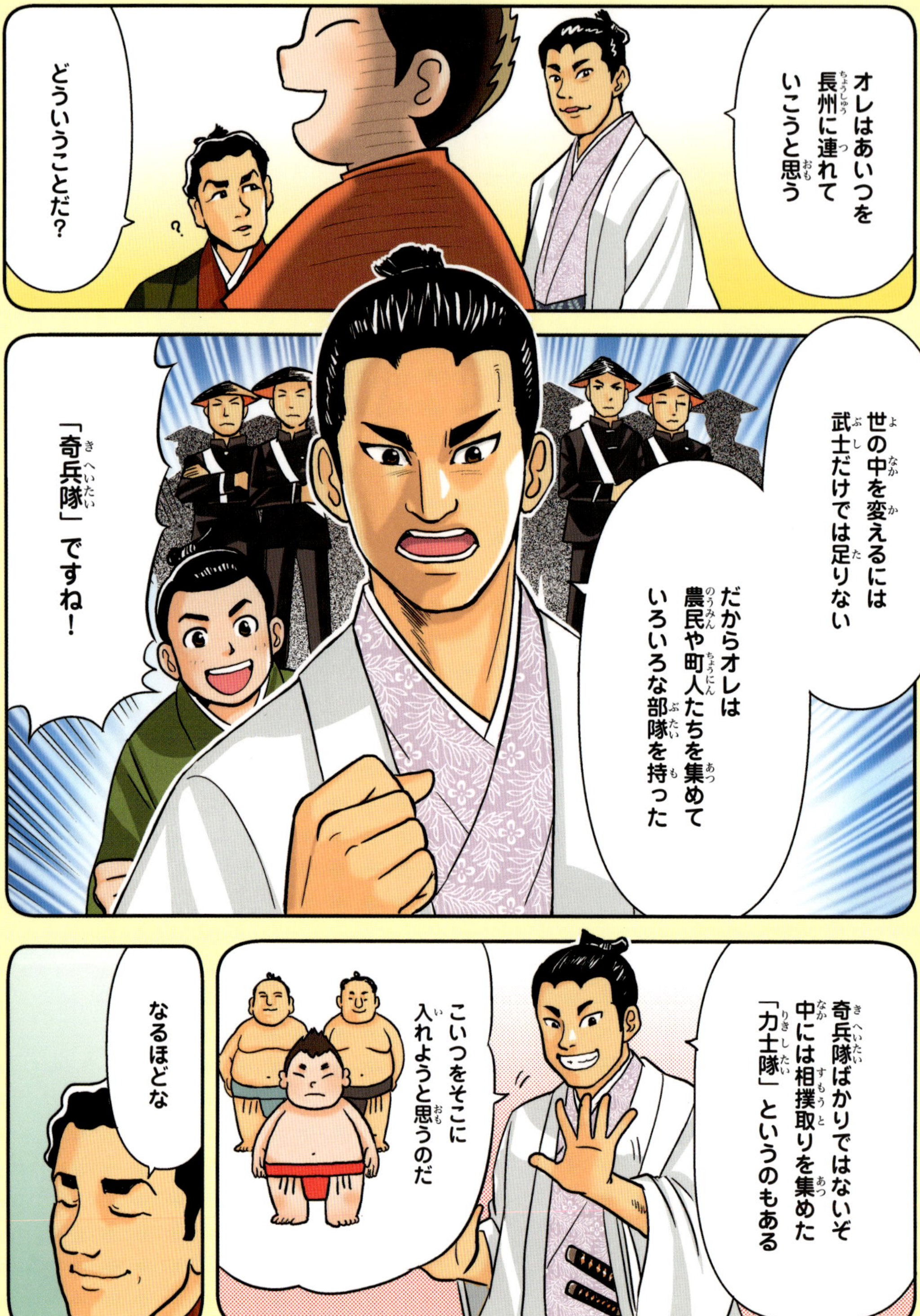
オレはあいつを長州《ちょうしゅう》に連《つ》れていこうと思《おも》う
どういうことだ?
世《よ》の中《なか》を変《か》えるには武士《ぶし》だけでは足《た》りない
だからオレは農民《のうみん》や町人《ちょうにん》たちを集《あつ》めていろいろな部隊《ぶたい》を持《も》った
「奇兵隊《きへいたい》」ですね!
奇兵隊《きへいたい》ばかりではないぞ中《なか》には相撲取《すもうと》りを集《あつ》めた「力士隊《りきしたい》」というのもある
こいつをそこに入《い》れようと思《おも》うのだ
なるほどな

それはおもしろい考《かんが》えだ
あーいろいろ食《た》べたらおなかすいてきたなぁ
言《い》ってることおかしいだろ
おもしろくなーーーい!!
それは間違《まちが》いないいんだな!?
ダっ
よし! すぐに追《お》いかけようぜ!!
おまち!
シュン 長州《ちょうしゅう》がどこだかわかってんの?
えーーっと……たぶんあっち
こっちよ!
違《ちが》うわよ! 西《にし》のほう! 京都《きょうと》からずっと歩《ある》いたら何日《なんにち》かかるかわからないわ!
じ……じゃあ飛行機《ひこうき》か新幹線《しんかんせん》で……
そんなの この時代《じだい》にあるわけないでしょ!

そ……そうか
シュンがシュン…
船《ふね》なら早《はや》く着《つ》くでごわす
船《ふね》!?
サラサラ
まず この紹介状《しょうかいじょう》を持《も》って坂本龍馬《さかもとりょうま》という男《おとこ》に会《あ》いにいくといいでごわす
紹介状
坂本龍馬《さかもとりょうま》に会《あ》えるのね!!
リョウマ? 何《なん》かカッコイイ名前《なまえ》だな
うそっ
シュンてば 坂本龍馬《さかもとりょうま》も知《し》らないの? 超有名《ちょうゆうめい》な土佐藩《とさはん》……高知県出身《こうちけんしゅっしん》の志士《しし》よ!
オレも……一緒《いっしょ》に行《い》かせてくれっ

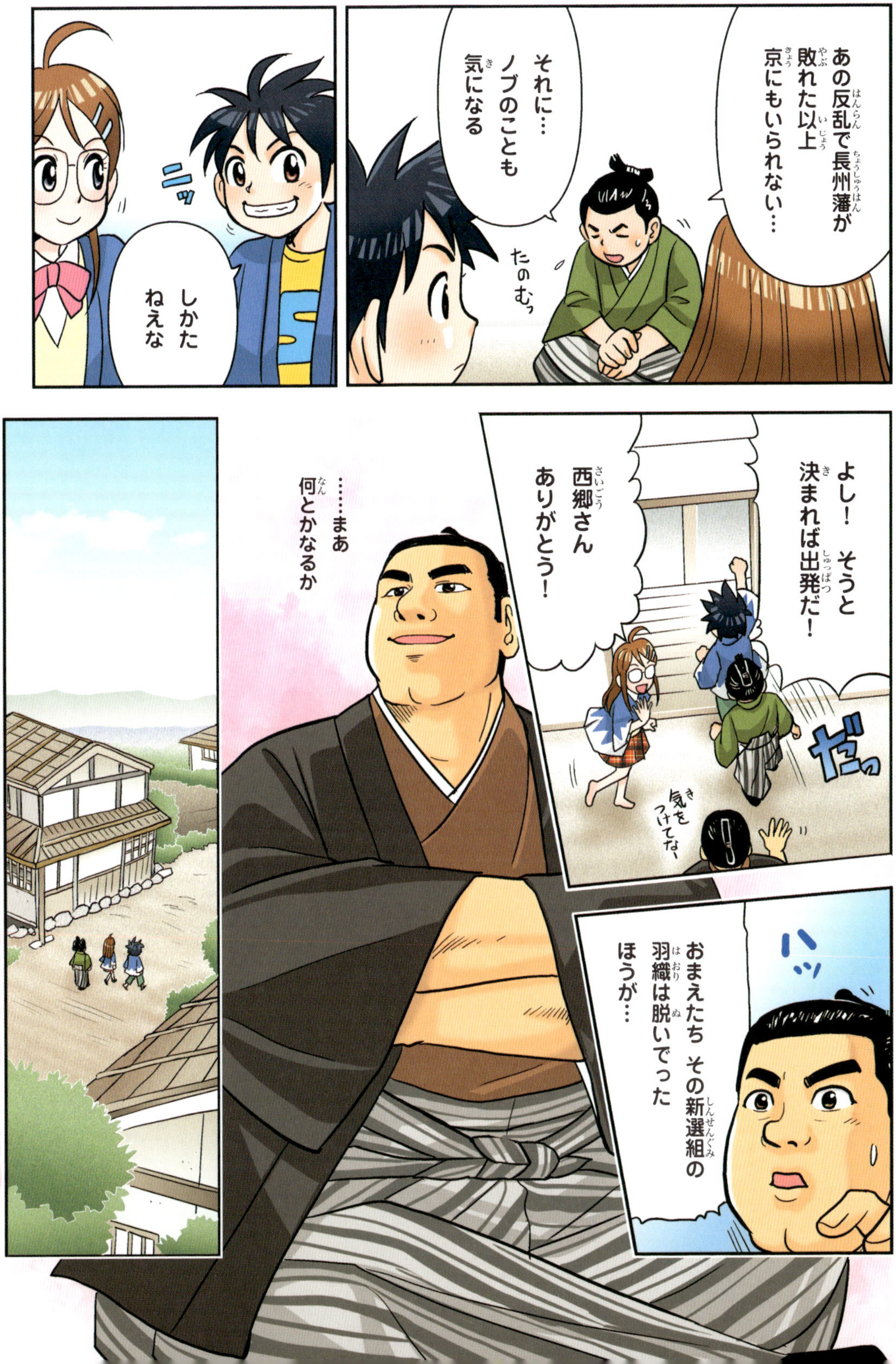
あの反乱《はんらん》で長州藩《ちょうしゅうはん》が
敗《やぶ》れた以上《いじょう》
京《きょう》にもいられない…
それに…
ノブのことも
気《き》になる
たのむっ
ニッ
しかた
ねえな
よし！ そうと
決《き》まれば出発《しゅっぱつ》だ！
西郷《さいごう》さん
ありがとう！
だっ
気《き》をつけてな～
ハッ
おまえたち その新選組《しんせんぐみ》の
羽織《はおり》は脱《ぬ》いでった
ほうが…
……まあ
何《なん》とかなるか

たぶんココだと思《おも》う
たのもーーっ
龍馬《りょうま》さーん
こんにちはー
ドンドン
ドンドン
留守《るす》なのか……
龍馬《りょうま》さんは留守《るす》じゃよ
えーー!?
困《こま》ったなぁ……
新選組《しんせんぐみ》の皆《みな》さんが龍馬《りょうま》さんをつかまえにきたんかの?
いや オレたち たまたまこれ着《き》てるだけで新選組《しんせんぐみ》じゃないんだよ
だって弱《よわ》そうでしょ
オレたち 龍馬《りょうま》さんに長州《ちょうしゅう》まで船《ふね》で連《つ》れてってもらおうと思《おも》って
西郷《さいごう》さんからの紹介状《しょうかいじょう》もここに……
あれ?

なくしたのか?
オイオイ
いや…その…
しっかり捜《さが》しなさいよ!
はははは
捜《さが》してるのはコレのことかの?
紹介状
あーっ　ドロボー返《かえ》せ!
ドロボウなどではない　これはワシあてのものじゃき
ということはもしかして……
オウ
ファサ
坂本龍馬《さかもとりょうま》
ワシが坂本龍馬《さかもとりょうま》じゃ

薩摩藩《さつまはん》とイギリス

① 新時代《しんじだい》を開《ひら》く中心《ちゅうしん》に

薩摩藩《さつまはん》は改革《かいかく》に成功《せいこう》し、幕末《ばくまつ》、大《おお》きな影響力《えいきょうりょく》を持《も》ち、西郷隆盛《さいごうたかもり》や大久保利通《おおくぼとしみち》などの人材《じんざい》が育《そだ》って、新《あたら》しい時代《じだい》をつくる中心的《ちゅうしんてき》な役割《やくわり》を果《は》たしました。

そんな薩摩藩《さつまはん》が新政府《しんせいふ》をつくるきっかけの一《ひと》つとなったのが、イギリスとの関係《かんけい》です。

② 国際問題《こくさいもんだい》に発展《はってん》した生麦事件《なまむぎじけん》

1862（文久《ぶんきゅう》2）年《ねん》8月《がつ》、武蔵国生麦《むさしのくになまむぎ》（神奈川県《かながわけん》）で、島津久光《しまづひさみつ》の行列《ぎょうれつ》を、馬《うま》に乗《の》ったイギリス商人《しょうにん》ら4人《にん》が乱《みだ》しました。当時《とうじ》の日本《にほん》ではとても無礼《ぶれい》なことだったので、藩士《はんし》が刀《かたな》で切《き》りつけ、ひとりが亡《な》くなりました（生麦事件《なまむぎじけん》）。

幕府《ばくふ》はイギリスの求《もと》めに応《おう》じて賠償金《ばいしょうきん》を支払《しはら》いました。薩摩藩《さつまはん》はイギリスから賠償金《ばいしょうきん》と犯人《はんにん》の処罰《しょばつ》を求《もと》められましたが、どちらも応《おう》じませんでした。

幕末《ばくまつ》のキーパーソン 10

明治維新《めいじいしん》の立役者《たてやくしゃ》

西郷隆盛《さいごうたかもり》

★生没年《せいぼつねん》 1828～1877年《ねん》

薩摩藩《さつまはん》の藩士《はんし》。新政府軍《しんせいふぐん》として江戸城無血開城《えどじょうむけつかいじょう》を成《な》しとげるなど、明治維新《めいじいしん》に大《おお》きな役割《やくわり》を果《は》たした。

国立国会図書館ＨＰから

幕末《ばくまつ》のキーパーソン 11

近代日本《きんだいにほん》をつくった男《おとこ》

大久保利通《おおくぼとしみち》

★生没年《せいぼつねん》 1830～1878年《ねん》

薩摩藩《さつまはん》の藩士《はんし》。尊王攘夷運動《そんのうじょういうんどう》に参加《さんか》。明治政府《めいじせいふ》の実力者《じつりょくしゃ》として活躍《かつやく》し、日本《にほん》の近代化《きんだいか》に大《おお》きく貢献《こうけん》した。

国立国会図書館ＨＰから

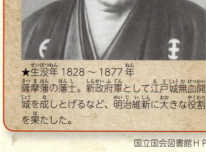

③ 薩摩藩《さつまはん》とイギリスが戦争《せんそう》した！

1863（文久3《ぶんきゅう》）年《ねん》7月《がつ》、イギリス艦隊《かんたい》が鹿児島《かごしま》へ向《む》かい、改《あらた》めて賠償金《ばいしょうきん》と犯人《はんにん》の引《ひ》き渡《わた》しを要求《ようきゅう》しました。しかし、薩摩藩《さつまはん》は応《おう》じず、生麦事件《なまむぎじけん》の報復《ほうふく》としてイギリスが攻撃《こうげき》をしかけ、戦《たたか》いが起《お》きました（薩《さつ》英戦争《えいせんそう》）。

薩摩藩《さつまはん》も奮戦《ふんせん》してイギリスを苦《くる》しめますが、3日間《みっかかん》の戦闘《せんとう》の後《のち》に和解《わかい》して賠償金《ばいしょうきん》を支払《しはら》いました。イギリス艦隊《かんたい》の大砲《たいほう》の威力《いりょく》はすさまじく、鹿児島《かごしま》の町《まち》は大《おお》きな被害《ひがい》を受《う》けました。

薩英戦争《さつえいせんそう》で使《つか》われた薩摩藩《さつまはん》の砲弾《ほうだん》（左《ひだり》）とイギリスの砲弾《ほうだん》

尚古集成館蔵

④ 戦後強《せんごつよ》まったイギリスとの関係《かんけい》

イギリスとの戦争《せんそう》で、薩摩藩《さつまはん》は、日本《にほん》がヨーロッパやアメリカ（西洋《せいよう》）に比《くら》べて軍事力《ぐんじりょく》が劣《おと》っていて、今《いま》の力《ちから》では攘夷《じょうい》は無理《むり》だと思《おも》い知《し》らされました。一方《いっぽう》で、イギリス側《がわ》も、薩摩藩《さつまはん》の強《つよ》さを知《し》ることになりました。

こうして、この戦争《せんそう》をきっかけに、薩摩藩《さつまはん》はイギリスと密《ひそ》かに結《むす》びつき、最新式《さいしんしき》の武器《ぶき》を輸入《ゆにゅう》するなどして、力《ちから》を蓄《たくわ》えていくことになりました。

7章《しょう》

蒸気船《じょうきせん》でGO《ゴー》！

ただし……
なんですか?
ただでというのは虫《むし》がよすぎる
ちっちっちっ
えーー!?!?
えー!? オレたち お金《かね》なんて持《も》ってないよ
ならばその分《ぶん》しっかりと船《ふね》で働《はたら》いてもらおうか
やれるかな?
はい!
見《み》ろ!
あれがワシたちの乗《の》る――

蒸《じょう》気《き》船《せん》じゃあ!
す……すげえ
こっ……これに乗《の》るのか!?
何《なん》だ? シュンとユイは蒸《じょう》気《き》船《せん》は初《はじ》めてか?
ム?
ん?
オレは二度《にど》めだぞ
へんっ でも飛行機《ひこうき》なら乗《の》ったことあるもんね
へこき? 何《なん》じゃ そりゃ おまえの友達《ともだち》のことか?

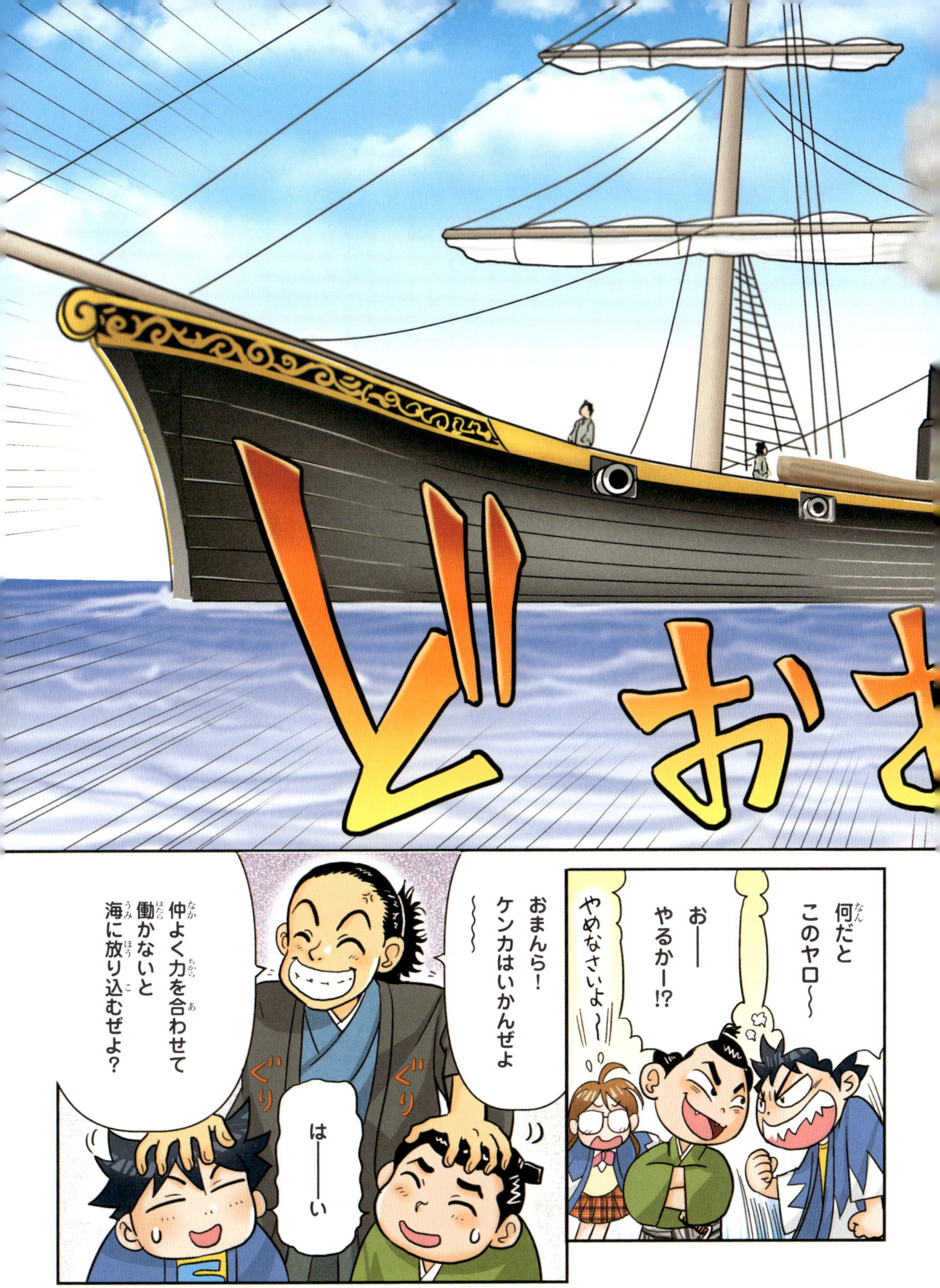
どお
何《なん》だと このヤロ〜〜
おーー やるかー!?
やめなさいよ〜
おまんら! ケンカはいかんぜよ〜〜〜
仲《なか》よく力《ちから》を合《あ》わせて 働《はたら》かないと 海《うみ》に放《ほう》り込《こ》むぜよ?
ぐり ぐり
はーーーい

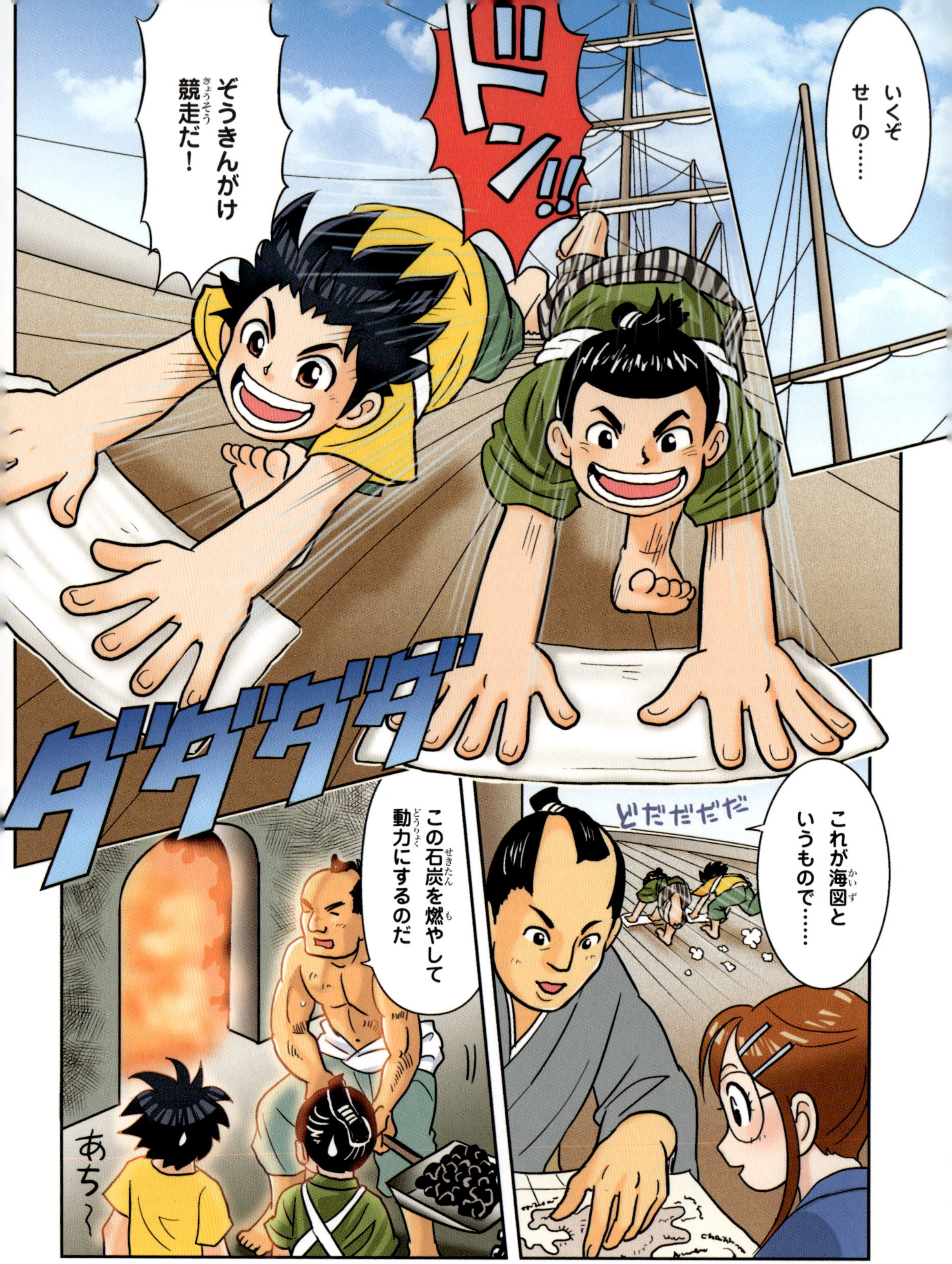
いくぞ
せーの……
ドン!!
ぞうきんがけ
競走《きょうそう》だ!
ダダダダ
これが海図《かいず》と
いうもので……
どだだだだ
この石炭《せきたん》を燃《も》やして
動力《どうりょく》にするのだ
あち～

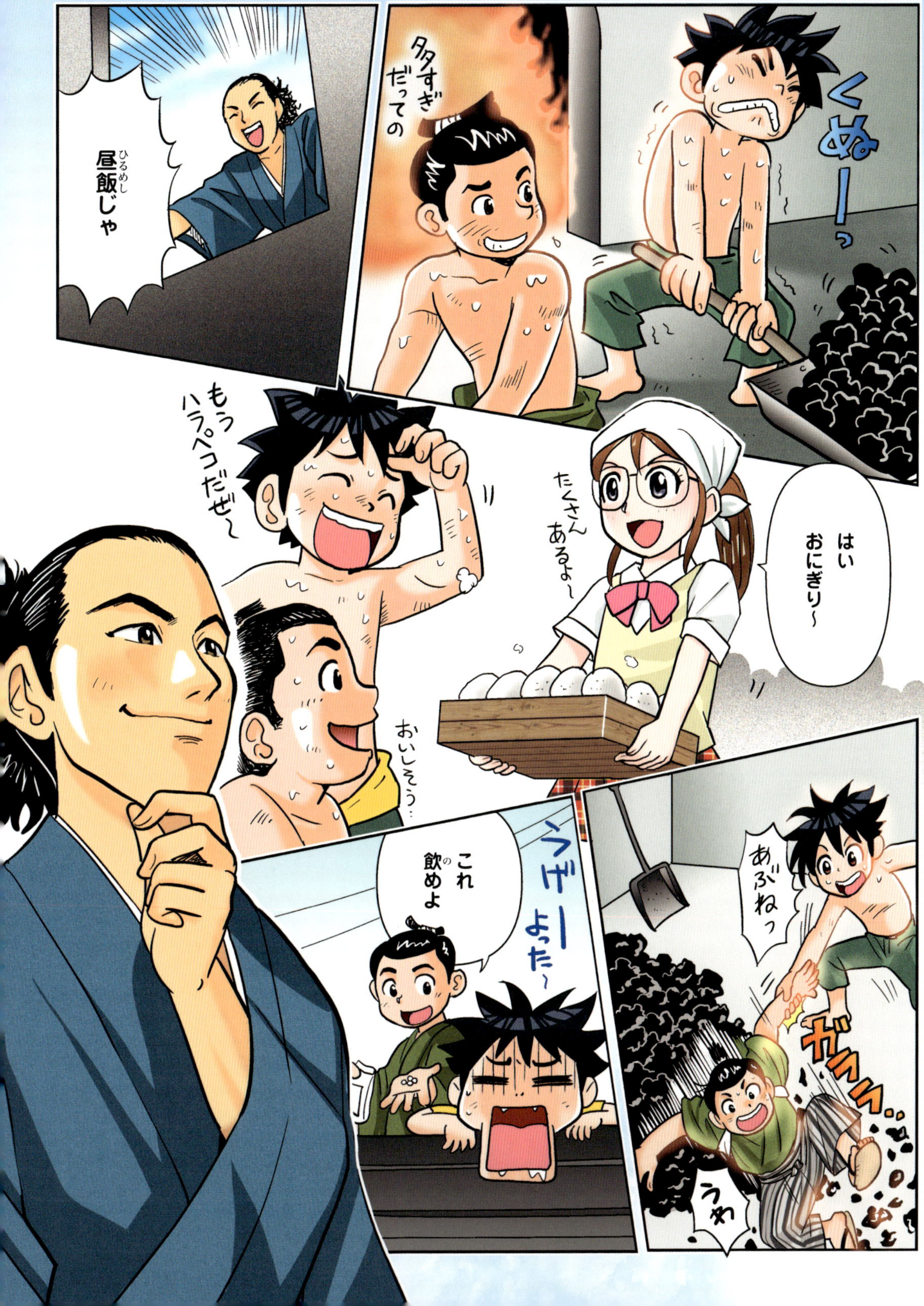

くぬーっ
タタすぎだっての
昼飯《ひるめし》じゃ
はい おにぎり~
たくさんあるよ~
もうハラペコだぜ~
おいしそう…
あぶねっ
ガラララ
うわ
うげーよった~
これ飲《の》めよ

おまえたち よう働《はたら》いてくれたの!
ずっとこの船《ふね》にいてほしいくらいじゃ
へへへっ
フフ
あの……ずっと気《き》になっていたんですけど
ん? なんじゃ?
私《わたし》たちが京都《きょうと》で龍馬《りょうま》さんに会《あ》いにいった時《とき》新選組《しんせんぐみ》がつかまえにきたと思《おも》ったのはなぜですか?
そりゃあ ワシが幕府《ばくふ》のやることに反対《はんたい》して新選組《しんせんぐみ》に目《め》の敵《かたき》にされているからじゃ
どうして反対《はんたい》してるの?
うむ……日本《にほん》はアメリカやイギリスに比《くら》べてずっと遅《おく》れとる
そして幕府《ばくふ》はやつらのいいなりになっとる

それじゃいかんとワシは思《おも》うんじゃ！
日本《にほん》も外国《がいこく》に負《ま》けない国《くに》に変《か》わらないといかん！
オレもそう思《おも》う!!
ワシばかりではないぞ！
薩摩藩《さつまはん》も長州藩《ちょうしゅうはん》もその考《かんが》えは同《おな》じなんじゃ
今《いま》はたまたまケンカしてるが力《ちから》を合《あ》わせれば きっと我《われ》らで日本《にほん》を変《か》えられる！
ワシはそう思《おも》うんじゃ！
長州《ちょうしゅう》の桂《かつら》さんも薩摩《さつま》の西郷《さいごう》さんも悪《わる》い人《ひと》には見《み》えなかったものね
きっと仲《なか》よくできる日《ひ》が来《く》るよね

長州藩《ちょうしゅうはん》の
とある港《みなと》
達者《たっしゃ》でな！
龍馬《りょうま》さんも
元気《げんき》でね！

いよいよノブに会《あ》えるな！
テル！道案内《みちあんない》を頼《たの》むぜ！
シュン！ユイ！任《まか》せとけ！
そろそろノブのいる下関《しものせき》の港《みなと》が見《み》えてくるはずだけど
あれかしら？
大砲《たいほう》がいっぱいあって何《なん》だか物騒《ぶっそう》な感《かん》じね

ああ
な……何《なに》よシュン
うるさいわねー!!
あそこに
いるの……
ノブじゃねえか!?
!!
あいつ……
いねむりなんか
してやがる
ノブらしい
ぜ!
おーい!
ノブ〜!

ドオオオン
なっ……何《なに》？
キョロ キョロ
どしたっ
なっ……何《なん》だ!?
あれは

西洋《せいよう》から学《まな》び始《はじ》めた日本《にほん》

① ペリーのおみやげにびっくり！

幕末《ばくまつ》、アメリカやイギリスなどとつき合《あ》い始《はじ》めたことは、西洋《せいよう》の進《すす》んだ文明《ぶんめい》を日本《にほん》が知《し》るきっかけになりました。

ペリーは日本《にほん》にやってきた時《とき》、おみやげとして実際《じっさい》の4分《ぶん》の1の大《おお》きさの蒸気機関車《じょうききかんしゃ》や、電信機《でんしんき》、望遠鏡《ぼうえんきょう》などをもってきていました。見《み》たこともない品々《しなじな》に幕府《ばくふ》の役人《やくにん》たちは大喜《おおよろこ》び。実際《じっさい》にその機関車《きかんしゃ》を走《はし》らせた時《とき》は、彼《かれ》らは興味津々《きょうみしんしん》で機関車《きかんしゃ》の屋根《やね》にまたがり乗車《じょうしゃ》したそうです。

② 軍事力《ぐんじりょく》を強化《きょうか》

自分《じぶん》たちが遅《おく》れていることを知《し》った日本人《にほんじん》は、西洋《せいよう》の進《すす》んだ文明《ぶんめい》を学《まな》び始《はじ》めました。

最初《さいしょ》に力《ちから》を入《い》れたのは、外国《がいこく》から攻《せ》められた時《とき》に備《そな》えるための軍事力《ぐんじりょく》の強化《きょうか》です。幕府《ばくふ》は大砲製造工場《たいほうせいぞうこうじょう》をつくったり、神戸海軍操練所《こうべかいぐんそうれんじょ》を開《ひら》いて勝海舟《かつかいしゅう》らの指導《しどう》で船乗《ふなの》りを育成《いくせい》したりしました。薩摩藩《さつまはん》や佐賀藩《さがはん》（佐賀県《さがけん》）も独自《どくじ》に大砲製造《たいほうせいぞう》などに取《と》り組《く》みました。

幕末《ばくまつ》のキーパーソン 12

咸臨丸《かんりんまる》で海《うみ》を渡《わた》った

勝《かつ》 海舟《かいしゅう》

★生没年《せいぼつねん》 1823～1899年《ねん》

幕府《ばくふ》の役人《やくにん》。咸臨丸《かんりんまる》に乗《の》ってアメリカに渡《わた》り、帰国後《きこくご》、軍艦奉行《ぐんかんぶぎょう》に。幕府滅亡《ばくふめつぼう》の際《さい》は新政府軍《しんせいふぐん》と交渉《こうしょう》し、江戸《えど》を戦火《せんか》から救《すく》った。

国立国会図書館ＨＰから

③「貿易《ぼうえき》」に目《め》をつけた坂本龍馬《さかもとりょうま》

外国《がいこく》と取引《とりひき》をする「貿易《ぼうえき》」に目《め》をつけたのが坂本龍馬《さかもとりょうま》です。勝海舟《かつかいしゅう》から、「日本《にほん》を外国《がいこく》に負《ま》けない国《くに》にするには、船《ふね》を動《うご》かせる船員《せんいん》を育《そだ》てるべきだ」と聞《き》かされ、感動《かんどう》しました。そして、神戸海軍操練所《こうべかいぐんそうれんじょ》で航海《こうかい》術《じゅつ》を学《まな》び、後《のち》に長崎《ながさき》で日本初《にほんはつ》の商社《しょうしゃ》とされる亀山社中《かめやましゃちゅう》（後《のち》の海援隊《かいえんたい》）をつくって、薩摩藩《さつまはん》の援助《えんじょ》で海運業《かいうんぎょう》を行《おこな》いました。

幕末《ばくまつ》のキーパーソン 13

明治維新《めいじいしん》の風雲児《ふううんじ》

坂本龍馬《さかもとりょうま》

★生没年《せいぼつねん》 1836～1867 年《ねん》

土佐藩《とさはん》の藩士《はんし》。脱藩《だっぱん》して勝海舟《かつかいしゅう》の弟子《でし》となって航海術《こうかいじゅつ》を学《まな》び、長崎《ながさき》で亀山社中《かめやましゃちゅう》を設立《せつりつ》。薩《さっ》長連合《ちょうれんごう》の成立《せいりつ》にも力《ちから》を尽《つ》くした。

国立国会図書館ＨＰから

④海《うみ》を渡《わた》った者《もの》たちもいた！

自《みずか》ら外国《がいこく》に渡《わた》り、学《まな》んだ者《もの》たちもいました。

幕府《ばくふ》は、アメリカに使節《しせつ》を送《おく》る時《とき》に勝海舟《かつかいしゅう》などを咸臨丸《かんりんまる》でアメリカに派遣《はけん》したほか、若者《わかもの》たちをオランダやイギリスに留学《りゅうがく》させて、西洋《せいよう》の政治《せいじ》や経済《けいざい》などを学《まな》ばせました。また、長州藩《ちょうしゅうはん》や薩摩藩《さつまはん》も独自《どくじ》に若者《わかもの》を留学《りゅうがく》させました。外国《がいこく》に留学《りゅうがく》して進《すす》んだ文明《ぶんめい》をその目《め》で見《み》た若者《わかもの》たちが、後《のち》に新《あたら》しい世《よ》の中《なか》をつくるために大《おお》きな役割《やくわり》を果《は》たしました。

エジプトのスフィンクスの前《まえ》で記念写真《きねんしゃしん》を撮《と》る幕府《ばくふ》の役人《やくにん》たち。幕府《ばくふ》の使節《しせつ》としてフランスに行《い》く途中《とちゅう》、エジプトに立《た》ち寄《よ》った

『日本人（第３次）』34 号から

8章《しょう》

ノブ、危機一髪《ききいっぱつ》！

ズウウン
ついに反撃《はんげき》か!
よし いけーーっ!
打《う》てーーっ!
ドンッ
ひうーー
ぽちゃん
ガーーン
これじゃ勝負《しょうぶ》にならないわ……

ドオン
ドオン
もう攻《せ》められっぱなしだーっ
うわあっ!
ノブッ!
ダッ
ああ～っノブー!!
あぶなーいにげろー!!
ドーン
ドーン
ゴォォ
ダメだ
退散《たいさん》～～っ!!
くそうっあそこにはオレたちのオニギリが……

ホント!?
え?
おい
くるっ
スチャ
オニギリ～～!!
ぐおおおおおおおお
ダッ
ギラン
え!? なんで 引《ひ》き返《かえ》してんの?
なんで?
ノブー にげて～
勇者《ゆうしゃ》だ

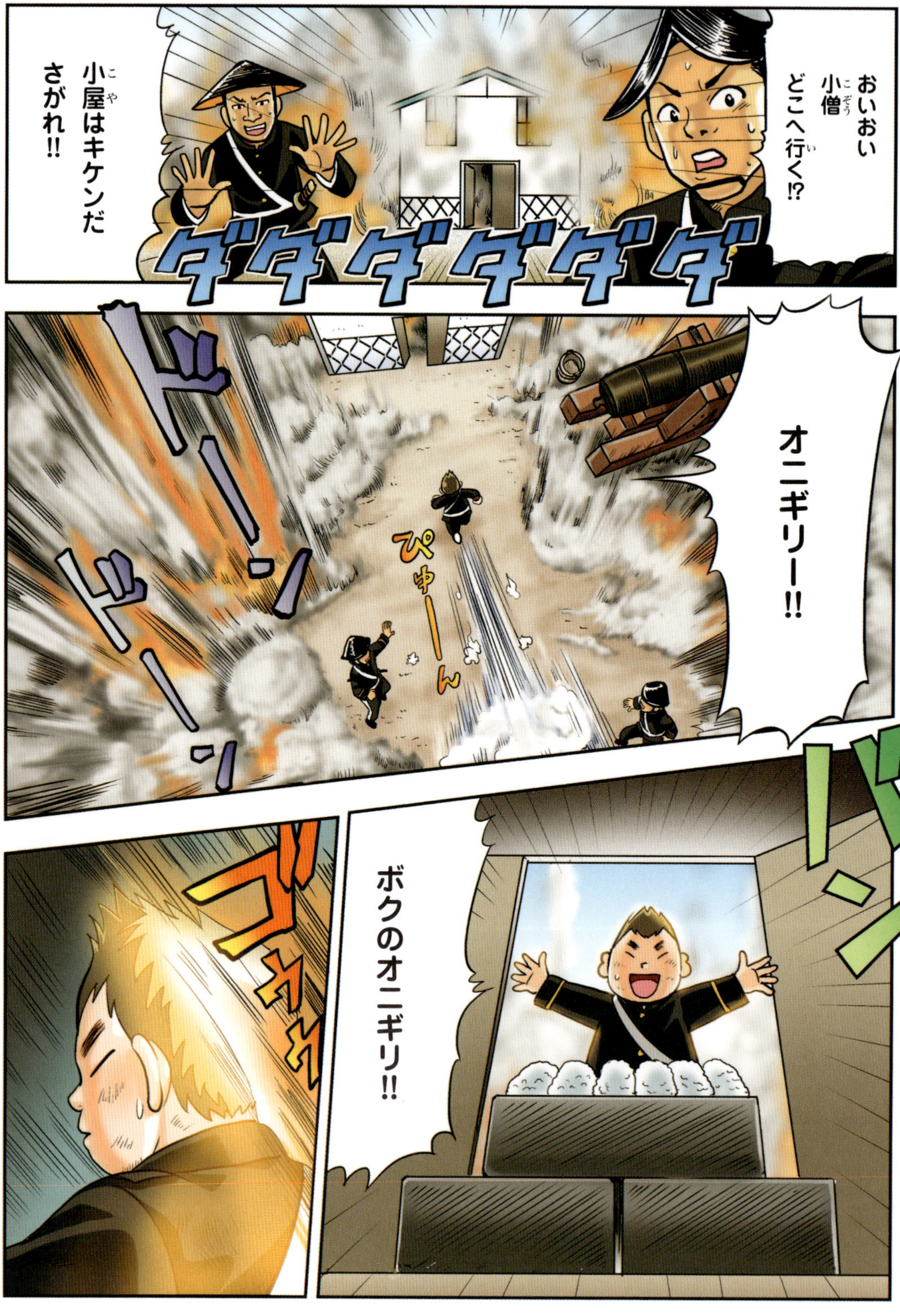

おいおい
小僧《こぞう》
どこへ行《い》く⁉
小屋《こや》はキケンだ
さがれ!!
ダダダダダダ
オニギリー!!
ドーン
ドーン
ぴゅーん
バン
ボクのオニギリ!!
ゴォォ

ドォオーーン
がっ
ばしゃあ
ふんっ
何人《なんぴと》たりとも
ボクのオニギリは
わたさ
ないっ!!

ガタッ
ノブ!!
大丈夫《だいじょうぶ》!?
シュン! ユイ! テルも!!
ちょうどよかった
火《ひ》を消すのを
手伝《てつだ》ってよ!
ボウゥゥ
もうムリだって…
オニギリより
おまえの命《いのち》が大切《たいせつ》だ!!
はやく~
じゃあ…
せっ せめて
ひと箱《はこ》だけでも
ガラ
ガラ

ワイ
ワイ
……
オレたちの砲台《ほうだい》が……
占領《せんりょう》された……
ボクのオニギリが……
コゲオニギリに…
外国《がいこく》との力《ちから》の差《さ》はこんなにあるのか……
まったくだ
ノブ無事《ぶじ》でよかった～
ありがと

高杉先生《たかすぎせんせい》!!
何《なに》?　おまえが高杉《たかすぎ》か!
ノブをこんな危《あぶ》ないところに
連《つ》れてきやがって!!
すまん
すまん
せっかくの
大砲《たいほう》を撃《う》ち込まれては
こいつの怪力《かいりき》も
役《やく》に立《た》たんのう!
いや
悪《わる》かった……
もとはといえば
オレがおまえを
さらったのが
悪《わる》かった
すまなかった!

そんなことより
オニギリが……
ははは
では これでも
食《く》うか?
我《われ》らはアメリカや
イギリスに比《くら》べて
ずっと遅《おく》れている……
しかし 幕府《ばくふ》のように
言《い》いなりに
なっていてはいかん!
日本《にほん》も外国《がいこく》に
負《ま》けない国《くに》に
生《う》まれ変《か》わらないとな……
あれ? そのセリフ
どこかで聞《き》いた
ような……
龍馬《りょうま》さんよ! 龍馬《りょうま》さんも
同《おな》じことを言《い》ってたわ
そうか
龍馬《りょうま》もな……

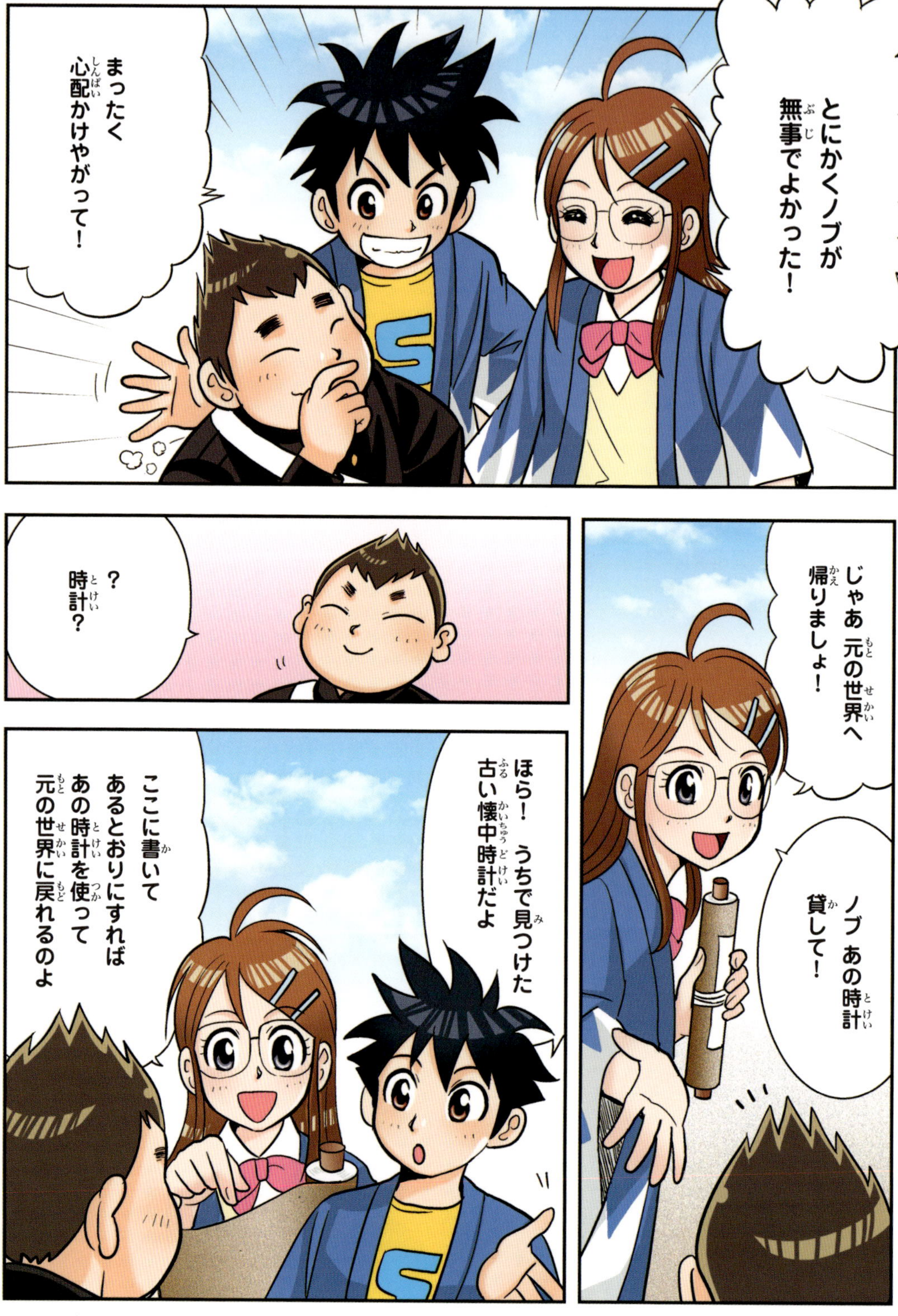
とにかくノブが無事《ぶじ》でよかった！
まったく心配《しんぱい》かけやがって！
じゃあ元《もと》の世界《せかい》へ帰《かえ》りましょ！
？時計《とけい》？
ノブあの時計《とけい》貸《か》して！
ほら！うちで見《み》つけた古《ふる》い懐中時計《かいちゅうどけい》だよ
ここに書《か》いてあるとおりにすればあの時計《とけい》を使《つか》って元《もと》の世界《せかい》に戻《もど》れるのよ

ああ
あの時計《とけい》か！あれはねえ……
桂《かつら》さんにあげちゃった……
なんだそっかあ
桂《かつら》さんに……って
なにイイイ!?
あげちゃった〜〜〜ぁ!?
うん

TIME WARP memo
歴史《れきし》なるほどメモ⑧

攘夷《じょうい》から倒幕《とうばく》へ

① 長州藩《ちょうしゅうはん》、外国《がいこく》の軍隊《ぐんたい》に完敗《かんぱい》

長州藩《ちょうしゅうはん》は攘夷《じょうい》を実行《じっこう》に移《うつ》して、外国《がいこく》の船《ふね》を攻撃《こうげき》しました。その仕返《しかえ》しとして、イギリス・フランス・アメリカ・オランダの連合艦隊《れんごうかんたい》が1864（元治《げんじ》1）年《ねん》8月《がつ》に下関《しものせき》（山口県《やまぐちけん》）の長州藩《ちょうしゅうはん》の砲台《ほうだい》を攻撃《こうげき》しました（四国艦隊下関砲撃事件《しこくかんたいしものせきほうげきじけん》）。

長州藩《ちょうしゅうはん》も反撃《はんげき》しましたが、軍事力《ぐんじりょく》の差《さ》は圧倒的《あっとうてき》で、大《おお》きな被害《ひがい》を受《う》けました。

もの知《し》りコラム

罪人《ざいにん》のはずが表舞台《おもてぶたい》へ

交渉役《こうしょうやく》を務《つと》めた高杉晋作《たかすぎしんさく》

長州藩《ちょうしゅうはん》が四国艦隊《しこくかんたい》に砲撃《ほうげき》されて和解《わかい》の話《はな》し合《あ》いをする時《とき》、交渉役《こうしょうやく》に選《えら》ばれたのが高杉晋作《たかすぎしんさく》でした。この時《とき》、高杉《たかすぎ》晋作《しんさく》は勝手《かって》に藩《はん》を離《はな》れた罪《つみ》で謹慎中《きんしんちゅう》でしたが、このピンチを救《すく》えるのは彼《かれ》しかいないと抜擢《ばってき》されたのです。賠償金《ばいしょうきん》を要求《ようきゅう》された時《とき》には、「攘夷《じょうい》は幕府《ばくふ》の命令《めいれい》で行《おこな》ったものだ」と言《い》い放《はな》つなどさまざまな手《て》を使《つか》って交渉《こうしょう》をまとめ、長州藩《ちょうしゅうはん》をピンチから救《すく》いました。

外国軍《がいこくぐん》に占拠《せんきょ》された長州藩《ちょうしゅうはん》の砲台《ほうだい》

横浜開港資料館蔵

②攘夷《じょうい》をやめて幕府《ばくふ》に降参《こうさん》

四国艦隊下関砲撃事件《しこくかんたいしものせきほうげきじけん》が起《お》きた頃《ころ》、長州藩《ちょうしゅうはん》は幕府《ばくふ》軍《ぐん》からも攻《せ》められていました（第《だい》1次《じ》長州征討《ちょうしゅうせいとう》）。ちょうど、長州藩《ちょうしゅうはん》が京都《きょうと》を追《お》われていた頃《ころ》のことで、幕府《ばくふ》はこれを機《き》に、さらに長州藩《ちょうしゅうはん》をこらしめようとしたのです。

禁門《きんもん》の変《へん》で敗《やぶ》れ、外国《がいこく》の軍隊《ぐんたい》の強《つよ》さを知《し》ったことで、尊王攘夷派《そんのうじょういは》が力《ちから》を失《うしな》っていた長州藩《ちょうしゅうはん》は幕府《ばくふ》に従《したが》うように考《かんが》えを改《あらた》め、戦《たたか》わずに降参《こうさん》しました。

③倒幕派《とうばくは》が実権《じっけん》を握《にぎ》る

そんな藩《はん》の方針《ほうしん》を、高杉晋作《たかすぎしんさく》は不満《ふまん》に思《おも》いました。そこで、高杉晋作《たかすぎしんさく》が「奇兵隊《きへいたい》」を率《ひき》いて長州藩《ちょうしゅうはん》の中《なか》で反乱《はんらん》を起《お》こし、実権《じっけん》を握《にぎ》りました。

外国《がいこく》の力《ちから》は圧倒的《あっとうてき》で、攘夷《じょうい》は難《むずか》しいと悟《さと》った高杉晋《たかすぎしん》作《さく》や桂小五郎《かつらこごろう》は「日本《にほん》を外国《がいこく》に支配《しはい》されないためには、西洋《せいよう》のような近代国家《きんだいこっか》をつくる必要《ひつよう》がある。そのためには、幕府《ばくふ》を倒《たお》す（倒幕《とうばく》）べきだ」と考《かんが》えたのです。

もの知《し》りコラム

高杉晋作《たかすぎしんさく》がつくった画期的《かっきてき》な軍隊《ぐんたい》「奇兵隊《きへいたい》」や「力士隊《りきしたい》」が活躍《かつやく》

江戸時代《えどじだい》は、戦《たたか》いに参加《さんか》するのは武士《ぶし》に限《かぎ》られていました。しかし、高杉晋作《たかすぎしんさく》は、身分《みぶん》にかかわらず農民《のうみん》や商人《しょうにん》からも募集《ぼしゅう》した「奇兵隊《きへいたい》」をつくりました。これをきっかけに、長州藩《ちょうしゅうはん》では相撲取《すもうと》りが集《あつ》まった「力士隊《りきしたい》」など、庶民《しょみん》の軍《ぐん》隊《たい》がいくつも生《う》まれ、倒幕《とうばく》の大《おお》きな力《ちから》になりました。

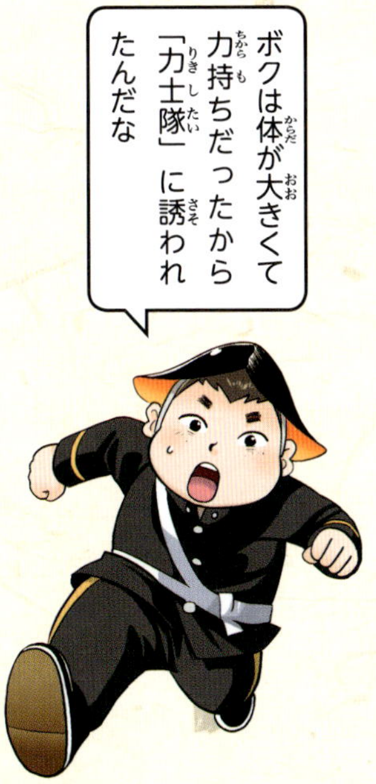

9章《しょう》

時計《とけい》を取《と》り戻《もど》せ！

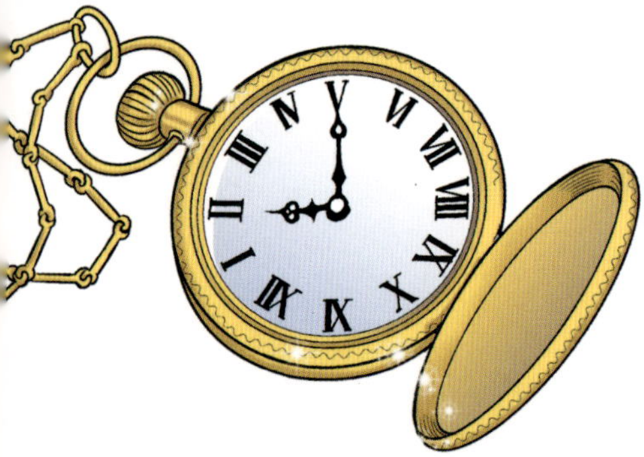

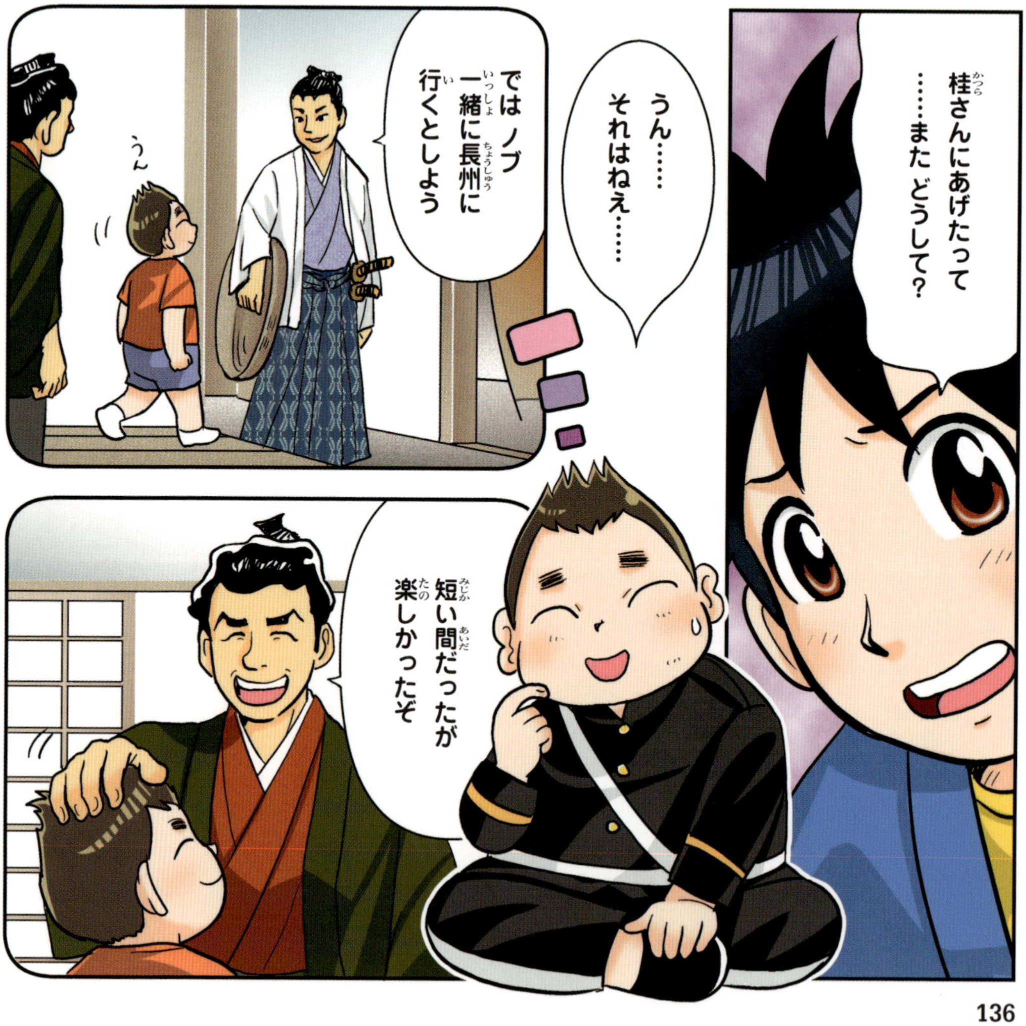

桂《かつら》さん
焼《や》き揚《あ》げ豆腐《どうふ》
本当《ほんとう》にうまかったよ
ありがとう!
そうか
そうか!
今度《こんど》会《あ》ったら また
たくさん食《く》わせて
やるぞ
ホントに!?
じゃあ何《なに》か
お礼《れい》に……
いやいや
何《なに》もいらんて
ゴソゴソ
コトッ
ん?
こっ……これは?
なんて素晴《すば》らしい時計《とけい》!

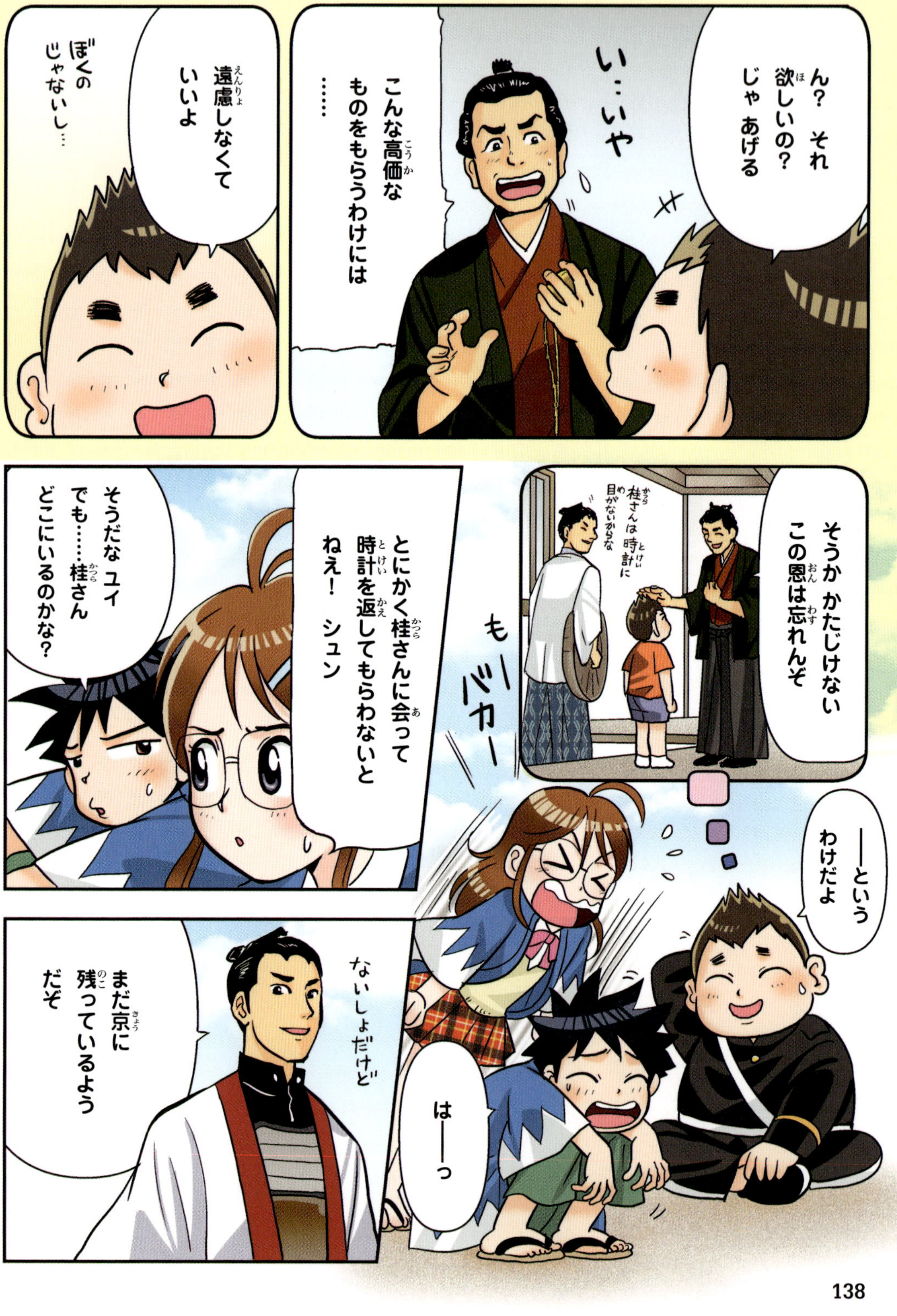
ん？ それ 欲《ほ》しいの？ じゃ あげる
いいや
こんな高価《こうか》なものをもらうわけには……
遠慮《えんりょ》しなくていいよ
ぼくのじゃないし…
そうか かたじけない この恩《おん》は忘《わす》れんぞ
桂《かつら》さんは時計《とけい》に目《め》がないからな
――というわけだよ
もーバカー
はーっ
とにかく桂《かつら》さんに会《あ》って時計《とけい》を返《かえ》してもらわないとねえ！ シュン
そうだな ユイ でも……桂《かつら》さん どこにいるのかな？
ないしょだけど
まだ京《きょう》に残《のこ》っているようだぞ

新選組《しんせんぐみ》の目《め》から逃《のが》れながら挽回《ばんかい》の機会《きかい》をうかがっているらしい
ユイ！ ノブ！ オレたちも京都《きょうと》に戻《もど》ろう！
でも シュン……どうやって？
龍馬《りょうま》さんもいないし……
長州藩《ちょうしゅうはん》の船《ふね》に乗《の》っていけ！
テルも一緒《いっしょ》に行《い》って桂《かつら》さんが隠《かく》れていそうなところを捜《さが》すんだ
はい！
ありがとうございます！
そして

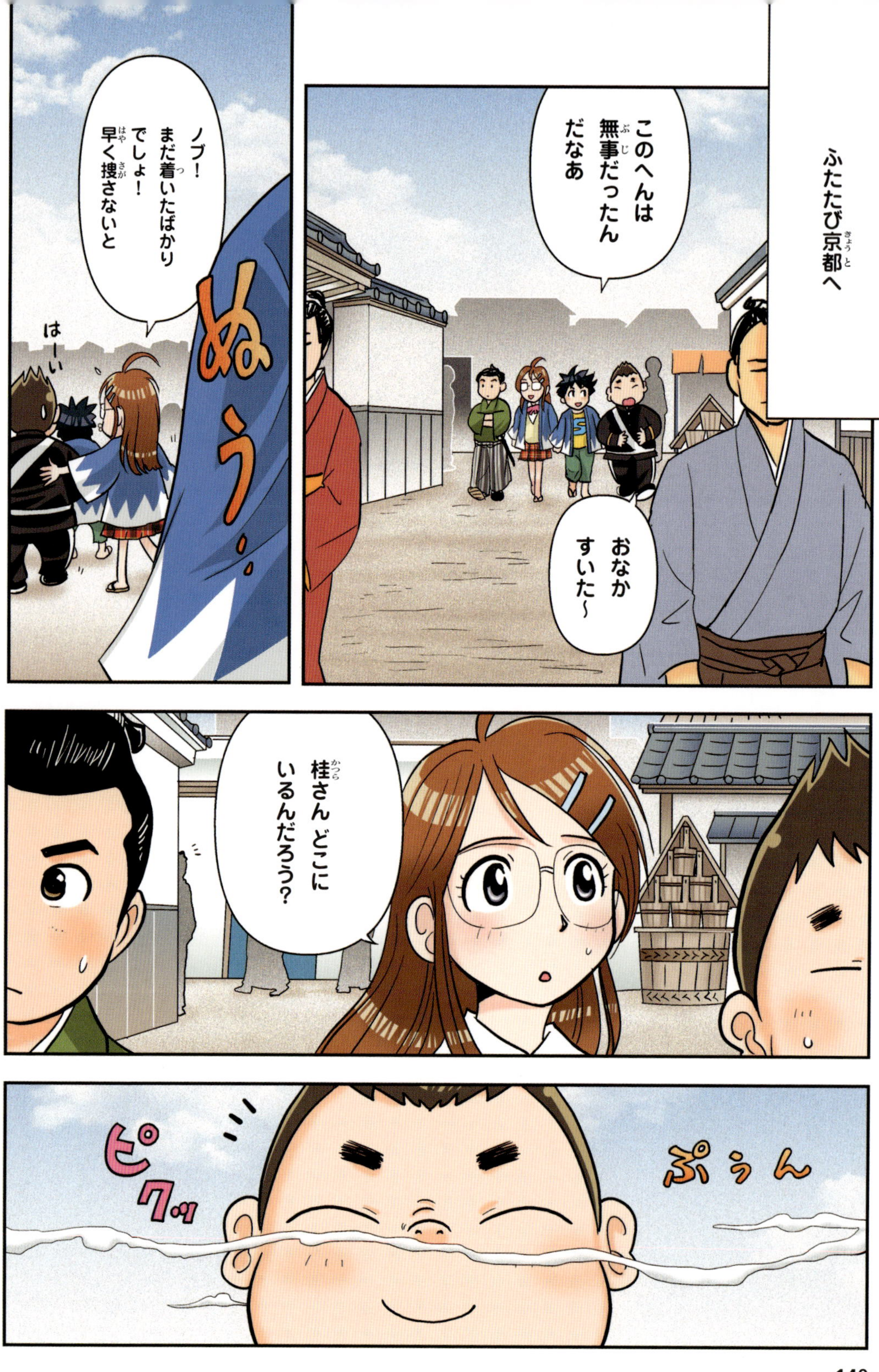
ふたたび京都《きょうと》へ
このへんは無事《ぶじ》だったんだなあ
おなかすいた～
ノブ！まだ着《つ》いたばかりでしょ！早《はや》く捜《さが》さないと
ぬう…
はーい
桂《かつら》さん どこにいるんだろう？
ぷぅん
ピクッ

ふらぁ～
あ～いいニオイ♥
?
ふらふら～
ちょっ ノブ どこに行《い》くの!?
くる～
フラ フラ～
ふらぁ～
あぶないっ!!
バッ
あ…

どさっ
ダダッ
わあ～～い
やっぱり焼《や》き揚《あ》げ豆腐《どうふ》
だ～～♡
あっ……
何《なに》をするっ

ザザッ
おい 大丈夫《だいじょうぶ》か? ノブ! シュン!
とうふ〜
じゅるる
コ……コラ 放《はな》さんか
かっ
桂《かつら》さん!?
ん? テルか?
そうか!! ノブは焼《や》き揚《あ》げ豆腐《どうふ》のニオイに気《き》が付《つ》いたんだな?
でかした!
やるじゃんか ノブ!
こんにちは〜
おお〜 よく見《み》ればおまえは
こんなところに隠《かく》れていやがったか 桂《かつら》!

土方《ひじかた》さん!!
どうして ここに!?
町《まち》でシュンとユイを見《み》かけたら 桂《かつら》を捜《さが》しているようだったんでな 後《あと》をつけてきたのだ
ふっはっはっはっ

見《み》つかってしまっては
しかたないな
ぬっ
桂《かつら》！　覚悟《かくご》!!
やめて!!
土方《ひじかた》さんは　長州藩《ちょうしゅうはん》の
人《ひと》たちは悪《わる》さしてるって
言《い》ってたけど――…
桂《かつら》さんは違《ちが》うわ！
暴動《ぼうどう》を起《お》こそうとする
仲間《なかま》を止《と》めようとしていたし
人質《ひとじち》にされたノブにだって
おなかいっぱい食《た》べさせて
くれたんだから！

桂《かつら》さんと戦《たたか》うというなら
——私《わたし》たちも黙《だま》っていないない!
へへっ
みんな仲《なか》よく
しなきゃな
うん!
桂《かつら》さん
いい人《ひと》!
お……
おまえたち……
フッ

カチッ
シュン ユイ
おまえたちには
恩《おん》がある
今日《きょう》だけは 何《なに》も見《み》なかった
ことにしよう
桂《かつら》──
命拾《いのちびろ》いをしたな
ザッ…
ユイ！
かっこよかったぜ！
感動《かんどう》したぞ
ありがとう!!
こ……腰《こし》が……
ヘナ ヘナ
こわかった～

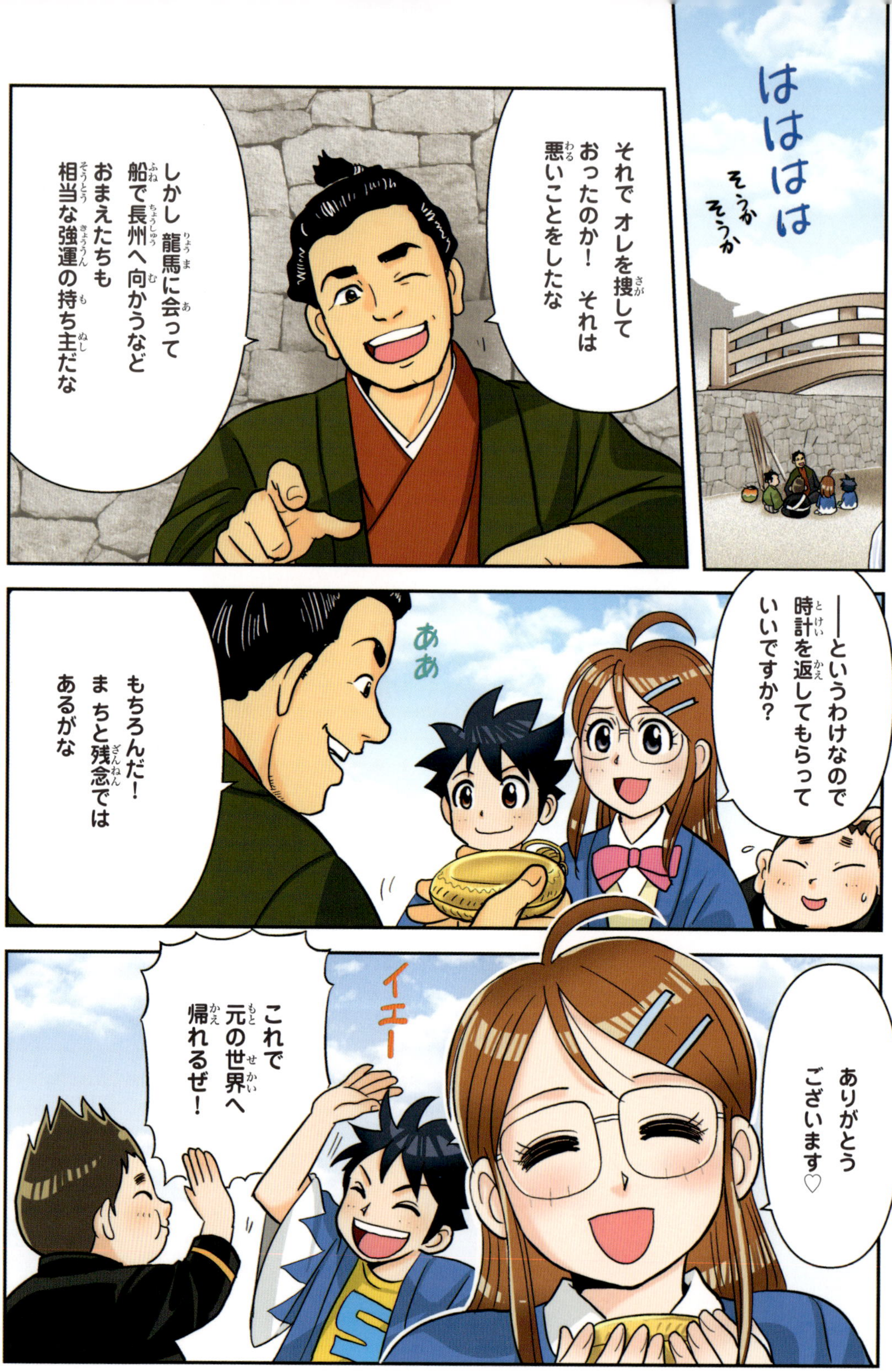
ははは
そうかそうか
それで オレを捜《さが》して
おったのか！ それは
悪《わる》いことをしたな
しかし 龍馬《りょうま》に会《あ》って
船《ふね》で長州《ちょうしゅう》へ向《む》かうなど
おまえたちも
相当《そうとう》な強運《きょううん》の持《も》ち主《ぬし》だな
――というわけなので
時計《とけい》を返《かえ》してもらって
いいですか？
ああ
もちろんだ！
ま ちと残念《ざんねん》では
あるがな
ありがとう
ございます♡
イエー
これで
元《もと》の世界《せかい》へ
帰《かえ》れるぜ！

ノブ シュン ユイ おまえたちとも お別《わか》れなんだな
ああ! テル! いろいろあったけど 楽《たの》しかったぜ!
きっとまた どこかで会《あ》える…… そんな 気《き》がする
がしっ
――…… そうだな
うむ…… おまえたちのような
みんながケンカをせず 力《ちから》を合《あ》わせていける 新《あたら》しい世《よ》の中《なか》を つくっていかないとな!

ザッ
このあたりじゃねえか？オレたちが落《お》ちてきたのは……
そうね
時計《とけい》を0時《じ》ちょうどに合《あ》わせて しっかりとフタをして またフタを開《あ》ければ元《もと》の世界《せかい》に戻《もど》るって書《か》いてあるわ
がぎぎぐぐげげ
……ノブ ちょっと開《あ》けてみ？
最初《さいしょ》からたのめばいいのに…
うん

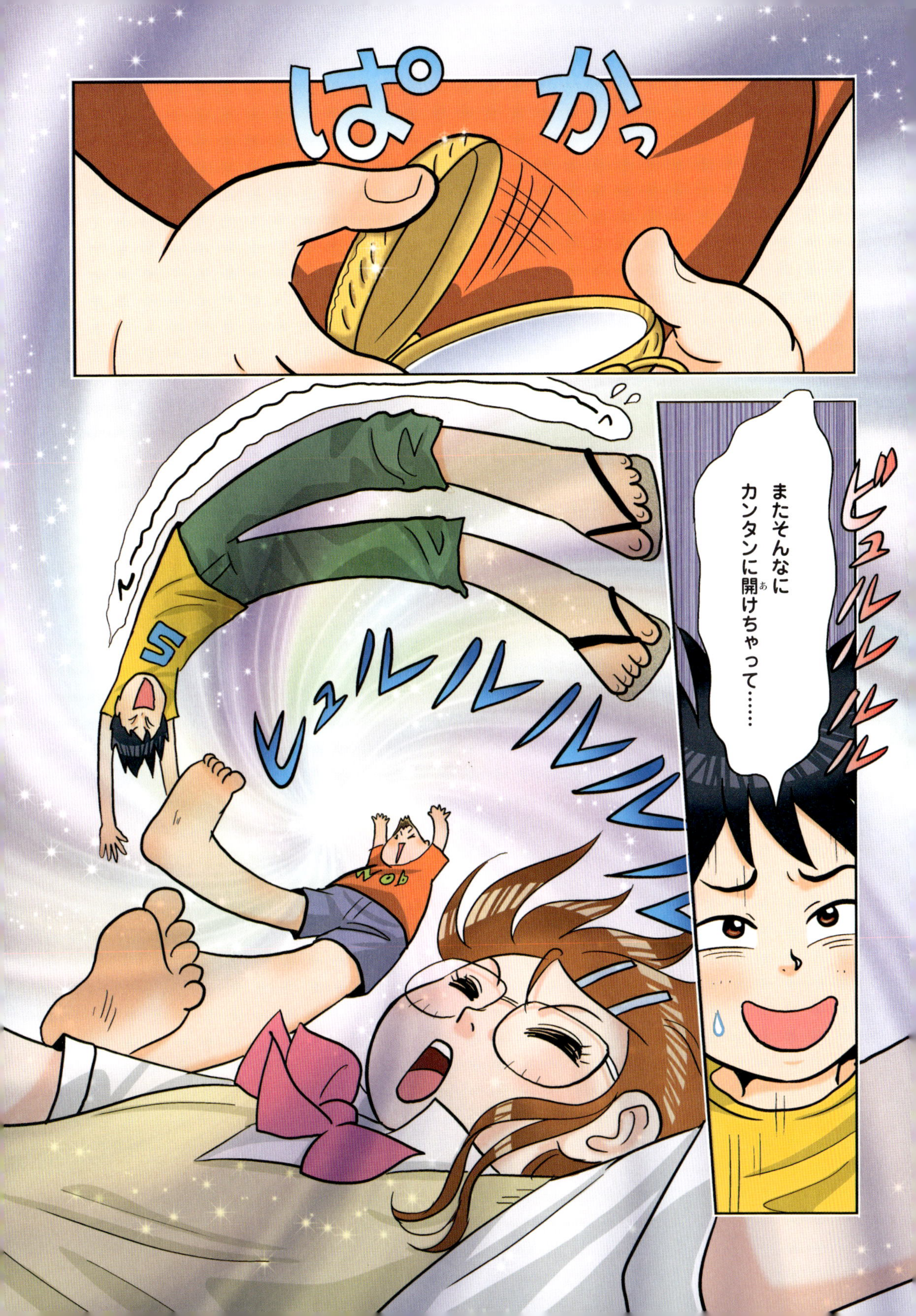
ぱかっ
ビュルルルル
またそんなにカンタンに開《あ》けちゃって……
ヒュルルルルル

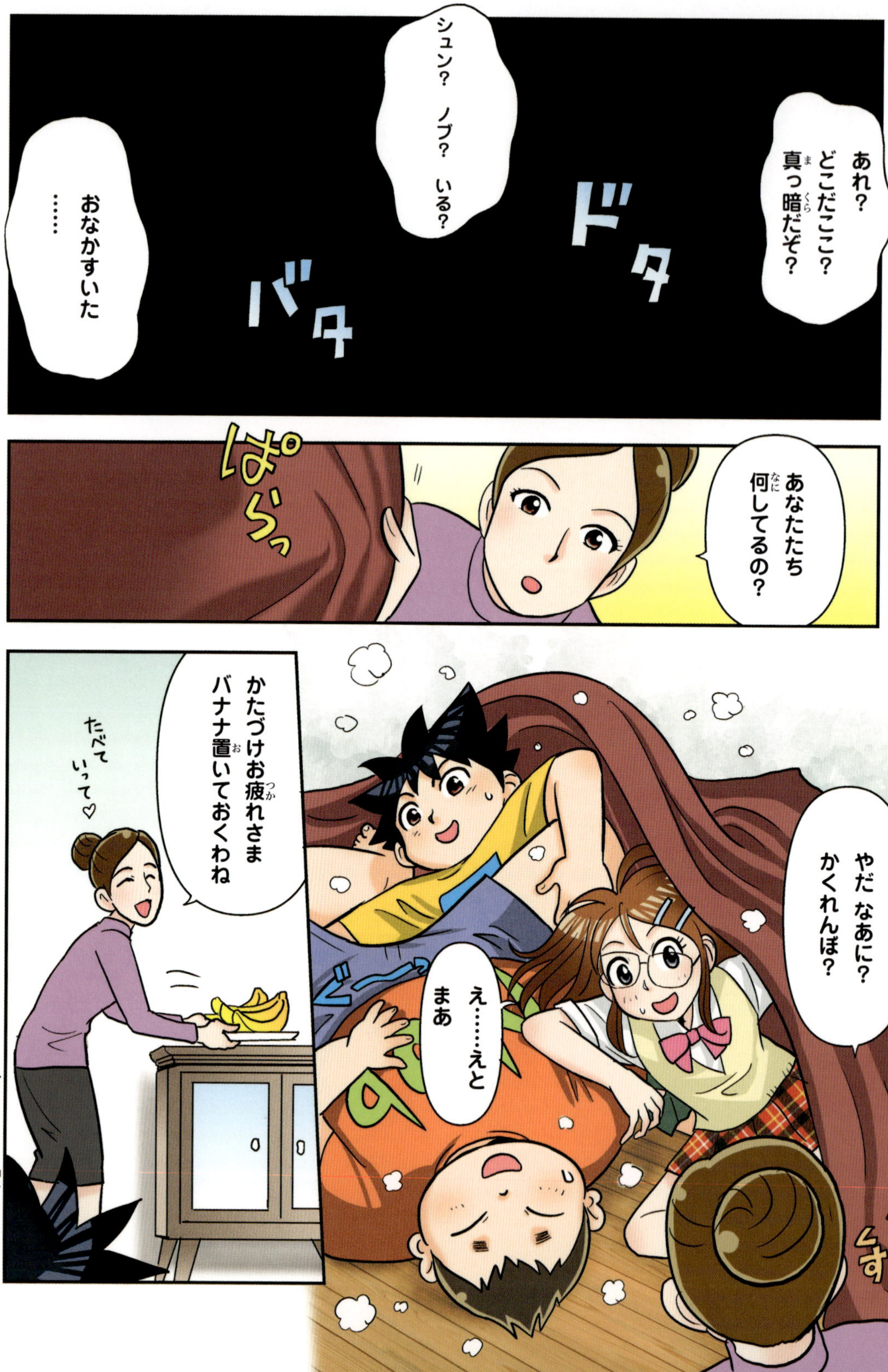
あれ？
どこだここ？
真《ま》っ暗《くら》だぞ？
ドタ
シュン？ ノブ？ いる？
バタ
……
おなかすいた
ぱらっ
あなたたち
何《なに》してるの？
やだ なあに？
かくれんぼ？
え……えと
まあ
かたづけお疲《つか》れさま
バナナ置《お》いておくわね
たべて
いって♡
あ…ありがと
ぐす
ぐす

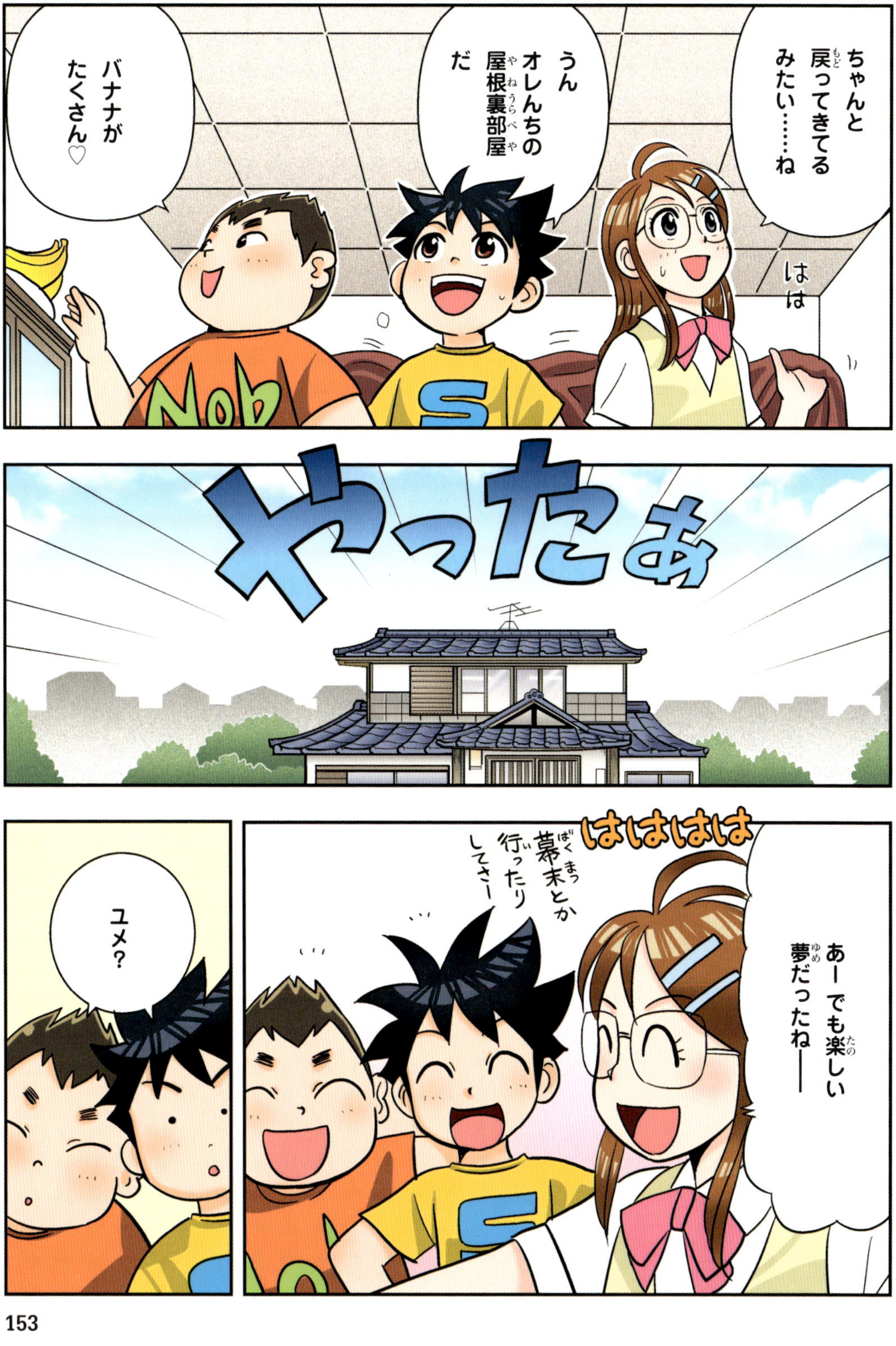
ちゃんと戻《もど》ってきてるみたい……ね
はは
うんオレんちの屋根裏部屋《やねうらべや》だ
バナナがたくさん♡
やったぁ
ははははは
あー でも楽《たの》しい夢《ゆめ》だったね——
幕末《ばくまつ》とか行《い》ったりしてさー
ユメ?

そうよ だって タイムワープだなんて～
3人《さんにん》で同《おな》じ夢《ゆめ》みるのもスゴイけど～
でもユイ その足《あし》……
ん？
ぞうりっ
あれ？
こっ…これはきっと屋《や》根《ね》裏《うら》部《べ》屋《や》にあった……
ふーん…
そんなの なかったけど
やっぱりタイムワープしたんだよ！面白《おもしろ》かったよなー蒸気船《じょうきせん》乗《の》ったりさ
うんうん
でもやっぱりなんといっても焼《や》き揚《あ》げ豆腐《どうふ》だね！

うん！ 確《たし》かに あれは絶品《ぜっぴん》 だった
また 食《た》べたいなー
また行《い》けば いいんじゃない？ コレで
コレで
ハハハ そんなコト 言《い》うとノブが 本当《ほんとう》に時計《とけい》を……
あ…
そうだね！
ぱかっ
お……おい おい……
また……
開《あ》けちゃったの〜〜!?
はたして次《つぎ》に3人《にん》が行《い》く時代《じだい》はどこ？
タイムワープの旅《たび》はまだ続《つづ》く!?
「幕末《ばくまつ》へタイムワープ」終《お》わり。
ヒュルルルルルルル

TIME WARP memo
歴史《れきし》なるほどメモ⑨

江戸《えど》幕府《ばくふ》の終《お》わり

① 幕府《ばくふ》が再《ふたた》び長州藩《ちょうしゅうはん》に兵《へい》を送《おく》った

高杉晋作《たかすぎしんさく》らが実権《じっけん》を握《にぎ》った長州藩《ちょうしゅうはん》は、再《ふたた》び幕府《ばくふ》と敵対《てきたい》するようになりました。怒《おこ》った幕府《ばくふ》は再《ふたた》び長州藩《ちょうしゅうはん》に兵《へい》を送《おく》りました（第《だい》2次長州征討《じちょうしゅうせいとう》）。

幕府《ばくふ》は、薩摩藩《さつまはん》にも長州藩《ちょうしゅうはん》と戦《たたか》うよう求《もと》めました。しかし、薩摩藩《さつまはん》は応《おう》じませんでした。薩摩藩《さつまはん》はイギリスと戦争《せんそう》して、その強《つよ》さを実感《じっかん》していました。そこで、長州藩《ちょうしゅうはん》と同《おな》じく「日本《にほん》が外国《がいこく》に支配《しはい》されないためには、近代国家《きんだいこっか》をつくるべき」と考《かんが》えるようになっていたのです。意見《いけん》が合《あ》った長州藩《ちょうしゅうはん》と薩摩藩《さつまはん》は、手《て》を結《むす》びました（薩長連合《さっちょうれんごう》）。

もの知《し》りコラム

庶民《しょみん》も幕府《ばくふ》への不満《ふまん》が高《たか》まる
「ええじゃないか」が大流行《だいりゅうこう》

物価《ぶっか》が上《あ》がって生活《せいかつ》は苦《くる》しくなり、政治《せいじ》の争《あらそ》いが激《はげ》しくなると、農民《のうみん》たちの間《あいだ》にも幕府《ばくふ》への不満《ふまん》が高《たか》まり、世直《よなお》しを叫《さけ》ぶ一揆《いっき》が起《お》こりました。

そんな時《とき》、ご利益《りやく》のある伊勢神宮《いせじんぐう》などのお札《ふだ》が降《ふ》ってきたことから、人々《ひとびと》が「ええじゃないか」とはやしたてながら踊《おど》るさわぎが、各地《かくち》で大流行《だいりゅうこう》しました。力《ちから》が弱《よわ》まっていた幕府《ばくふ》は、これを抑《おさ》えられませんでした。

「ええじゃないか」の様子《ようす》を描《えが》いた絵《え》
国立国会図書館 HP から

② 幕府《ばくふ》から政権返上《せいけんへんじょう》を提案《ていあん》

長州藩《ちょうしゅうはん》と薩摩藩《さつまはん》が手《て》を結《むす》んだことで、幕府《ばくふ》の第《だい》2次《じ》長州征討《ちょうしゅうせいとう》は失敗《しっぱい》に終《お》わりました。勢《いきお》いに乗《の》る長州藩《ちょうしゅうはん》と薩摩藩《さつまはん》は、幕府《ばくふ》を倒《たお》すことを決意《けつい》しました。これを知《し》った15代将軍《だいしょうぐん》・徳川慶喜《とくがわよしのぶ》は、このままでは不利《ふり》だと考《かんが》え、1867（慶応《けいおう》3）年《ねん》10月《がつ》、戦《たたか》いになる前《まえ》に自《じ》分《ぶん》から朝廷《ちょうてい》に政権《せいけん》を返《かえ》しました（大政奉還《たいせいほうかん》）。

③ 薩長中心《さっちょうちゅうしん》の政府《せいふ》ができた！

徳川慶喜《とくがわよしのぶ》が自分《じぶん》から政権《せいけん》を返《かえ》したのは、そうすれば、新《あたら》しくできる天皇中心《てんのうちゅうしん》の政府《せいふ》でも、徳川家《とくがわけ》が中《ちゅう》心《しん》になれると考《かんが》えたからです。

しかし、これを警戒《けいかい》した長州藩《ちょうしゅうはん》と薩摩藩《さつまはん》は、いち早《はや》く朝廷《ちょうてい》を動《うご》かして、天皇《てんのう》を中心《ちゅうしん》とした政府《せいふ》をつくり（王政復古《おうせいふっこ》の大号令《だいごうれい》）、徳川家《とくがわけ》を政権《せいけん》に入《い》れないことにしたのです。こうして、江戸幕府《えどばくふ》の260年以上《ねんいじょう》の歴史《れきし》が終《お》わりを告《つ》げました。

もの知《し》りコラム

長年《ながねん》のうらみを水《みず》に流《なが》そう！ 坂本龍馬《さかもとりょうま》が薩長《さっちょう》の「仲人役《なこうどやく》」

幕府《ばくふ》を倒《たお》す考《かんが》えが一致《いっち》した長州藩《ちょうしゅうはん》と薩摩藩《さつまはん》ですが、すぐには手《て》を結《むす》びませんでした。これまでの争《あらそ》いが原因《げんいん》で、2つの藩《はん》は仲《なか》が悪《わる》かったのです。

そこで、両藩《りょうはん》の「仲人役《なこうどやく》」となったのが坂本龍馬《さかもとりょうま》です。長《ちょう》州藩《しゅうはん》の高杉晋作《たかすぎしんさく》や桂小五郎《かつらこごろう》とも、薩摩藩《さつまはん》の西郷隆盛《さいごうたかもり》とも親《した》しかった坂本龍馬《さかもとりょうま》は、「日本《にほん》の将来《しょうらい》のためには、昔《むかし》のうらみは水《みず》に流《なが》すべし」と彼《かれ》らを説得《せっとく》し、「薩長連合《さっちょうれんごう》」を実現《じつげん》させました。

教《おし》えて!! 河合先生《かわいせんせい》

ぼくといっしょに、
タイムワープの冒険《ぼうけん》を振《ふ》り返《かえ》ろう。
マンガの裏話《うらばなし》や、時代《じだい》にまつわる
おもしろ話《ばなし》も紹介《しょうかい》するよ!

歴史研究家《れきしけんきゅうか》：河合 敦先生《かわいあつしせんせい》

1 幕末《ばくまつ》 ヒトコマ 博物館《はくぶつかん》

桜田事変絵巻《さくらだじへんえまき》（襲撃場面《しゅうげきばめん》、部分《ぶぶん》）
大老《たいろう》・井伊直弼《いいなおすけ》の駕籠《かご》が水戸浪士《みとろうし》らに襲撃《しゅうげき》された場面《ばめん》。この作品《さくひん》は、事件《じけん》からそれほど年数《ねんすう》が経《た》っていない明治時代《めいじじだい》に描《えが》かれたと推測《すいそく》されている
彦根城博物館蔵　画像提供：彦根城博物館／DNPartcom

幕府《ばくふ》のトップ・井伊直弼《いいなおすけ》が殺《ころ》された「桜田門外《さくらだもんがい》の変《へん》」

河合先生《かわいせんせい》：江戸時代《えどじだい》の後半《こうはん》、黒船《くろふね》でペリー（→27ページ）がやってくると、日本国内《にほんこくない》は「攘夷《じょうい》」（外国人《がいこくじん》を追《お》い払《はら》おうという考《かんが》え）か「開国《かいこく》」かで大《おお》いにもめたんだ。

ユイ：結局《けっきょく》、幕府《ばくふ》は開国《かいこく》したのよね。

河合先生《かわいせんせい》：そうだね。幕府《ばくふ》はアメリカなど西洋諸国《せいようしょこく》の軍事力《ぐんじりょく》の強《つよ》さを知《し》っていたから、開国《かいこく》しなければ、攻《せ》め込《こ》まれて敗《やぶ》れる危険性《きけんせい》もあると考《かんが》えたんだよ。

シュン：敗《やぶ》れるくらいなら、開国《かいこく》したほうがいいかもな……。

河合先生《かわいせんせい》：でも、そう考《かんが》えない人《ひと》もたくさんいたよ。幕府《ばくふ》の大老《たいろう》・井伊直弼《いいなおすけ》がアメリカと日米修好通商条約《にちべいしゅうこうつうしょうじょうやく》を結《むす》んだ時《とき》は、多《おお》くの反対《はんたい》の声《こえ》があがった。それを直弼《なおすけ》は弾《だん》圧《あつ》して、処刑《しょけい》まで行《おこな》ったんだ。

ノブ：反対《はんたい》した人《ひと》を殺《ころ》すの？

河合先生《かわいせんせい》：うん。だから直弼《なおすけ》はますます人々《ひとびと》の反発《はんぱつ》を買《か》って、ついに暗殺《あんさつ》されてしまったんだ。それが右《みぎ》の絵《え》で描《えが》かれた「桜《さくら》田門外《だもんがい》の変《へん》」という事件《じけん》だよ。

18人《にん》の浪士《ろうし》で60人《にん》あまりの行列《ぎょうれつ》を襲《おそ》った

河合先生《かわいせんせい》：1860（安政《あんせい》7）年《ねん》3月《がつ》3日《みっか》、江戸城《えどじょう》に出勤《しゅっきん》する直弼《なおすけ》の駕籠《かご》が、桜《さくら》田門《だもん》（江戸城《えどじょう》の門《もん》のひとつ）に近《ちか》づいた時《とき》、主《おも》に水戸藩《みとはん》（茨城県《いばらきけん》）の浪士《ろうし》ら18人《にん》が襲《おそ》いかかった。そして、直弼《なおすけ》を殺《ころ》してしまったんだ。

ユイ：怖《こわ》い事件《じけん》ね……。

河合先生《かわいせんせい》：そうだね。でもこの時《とき》、直弼《なおすけ》の行列《ぎょうれつ》には26人《にん》の武士《ぶし》と、草履取《ぞうりと》りや駕籠《かご》かき、足軽《あしがる》など全員《ぜんいん》で60人《にん》あまりのお供《とも》がいたんだよ。

ノブ：そんなにいたのに、たった18人《にん》にやられちゃったの？　みんなおなかがすいて、力《ちから》が出《で》なかったのかな？

河合先生《かわいせんせい》：この日《ひ》は雪《ゆき》でね、お供《とも》の武士《ぶし》たちの刀《かたな》には雪《ゆき》よけのおおいがしてあった。だから、すぐに刀《かたな》を抜《ぬ》くことができなかったんだ。

シュン：あらら……それじゃダメだ。

河合先生《かわいせんせい》：幕府《ばくふ》のトップが殺《ころ》されるなんて、それまでには決《けっ》してなかったことだから、みんなが幕府《ばくふ》の力《ちから》の衰《おとろ》えに気《き》づいた。それで公武合体《こうぶがったい》や尊王攘夷《そんのうじょうい》（→42ページ）の動《うご》きが高《たか》まっていったんだ。

2 幕末《ばくまつ》ビックリ報告《ほうこく》

幕府《ばくふ》の滅亡後《めつぼうご》も戦《たたか》い続《つづ》けた 新選組《しんせんぐみ》と土方歳三《ひじかたとしぞう》の最期《さいご》

新政府軍《しんせいふぐん》と旧幕府軍《きゅうばくふぐん》とで戦《たたか》いが起《お》こった！

1867（慶応《けいおう》3）年《ねん》、幕府《ばくふ》の15代将軍《だいしょうぐん》・徳川慶喜《とくがわよしのぶ》が政権《せいけん》を朝廷《ちょうてい》に返《かえ》して（大政奉還《たいせいほうかん》）、江戸幕府《えどばくふ》はなくなりました。でも、それですんなり新政府《しんせいふ》へとバトンタッチできたわけではありませんでした。

新政府側《しんせいふがわ》は、徳川家《とくがわけ》が新政府《しんせいふ》に参加《さんか》することを許《ゆる》さなかったので、それに怒《おこ》った旧《きゅう》幕臣《ばくしん》や会津藩《あいづはん》（福島県《ふくしまけん》）・桑名藩《くわなはん》（三重県《みえけん》）、さらに東北《とうほく》を中心《ちゅうしん》とした諸藩《しょはん》と、新政府軍《しんせいふぐん》との間《あいだ》で戦《たたか》いが起《お》こったのです。これを戊《ぼ》辰戦争《しんせんそう》といいます。

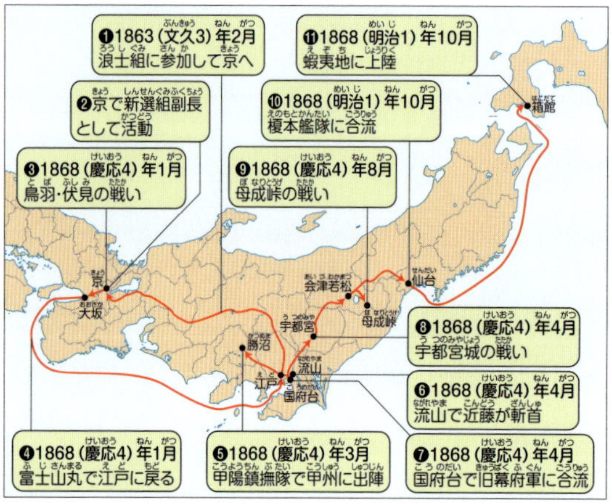

江戸末期《えどまっき》～明治元年《めいじがんねん》の土方歳三《ひじかたとしぞう》の動《うご》き

副長《ふくちょう》・土方歳三《ひじかたとしぞう》と新選組《しんせんぐみ》は旧幕府軍《きゅうばくふぐん》として戦《たたか》う！

1868（慶応《けいおう》4）年《ねん》1月《がつ》の鳥羽《とば》・伏見《ふしみ》の戦《たたか》いから戊《ぼ》辰戦争《しんせんそう》が始《はじ》まると、新選組《しんせんぐみ》は旧幕府軍《きゅうばくふぐん》として、薩摩藩《さつまはん》（鹿児島県《かごしまけん》）や長《ちょう》州藩《しゅうはん》（山口県《やまぐちけん》）を中心《ちゅうしん》とした新政府軍《しんせいふぐん》と戦《たたか》うことになりました。

新選組副長《しんせんぐみふくちょう》・土方歳三《ひじかたとしぞう》にとっては、ここから厳《きび》しい戦《たたか》いが続《つづ》いていきます。鳥羽《とば》・伏見《ふしみ》の戦《たたか》いに敗《やぶ》れた後《あと》、江戸《えど》に戻《もど》った新選《しんせん》組《ぐみ》は、甲州勝沼《こうしゅうかつぬま》（山梨県《やまなしけん》）に出陣《しゅつじん》しますが、新政府軍《しんせいふぐん》に再《ふたた》び敗《やぶ》れます。

局長《きょくちょう》・近藤勇《こんどういさみ》が捕《と》らえられ土方《ひじかた》ら新選組《しんせんぐみ》は会津《あいづ》へ！

江戸《えど》では、新政府側《しんせいふがわ》と旧幕府側《きゅうばくふがわ》との話《はな》し合《あ》いにより、江戸城《えどじょう》を新政府側《しんせいふがわ》に明《あ》け渡《わた》すことが決《き》まりました。

新選組《しんせんぐみ》は下総国流山《しもうさのくにながれやま》（千葉県《ちばけん》）で出直《でなお》そうとしますが、局長《きょくちょう》・近藤勇《こんどういさみ》が捕《と》らえられ、のちに処刑《しょけい》されてしまいます。

土方《ひじかた》ら新選組《しんせんぐみ》は、旧幕府軍《きゅうばくふぐん》の最後《さいご》の砦《とりで》ともいえる会津《あいづ》に入《はい》ります。しかし会津藩《あいづはん》も、1カ月《げつ》にわたる新政府軍《しんせいふぐん》の攻撃《こうげき》に耐《た》えましたが、とうとう降伏《こうふく》しました。

会津若松城《あいづわかまつじょう》の古写真《こしゃしん》。新政府軍《しんせいふぐん》の砲撃《ほうげき》を受《う》け、屋根《やね》がガタガタになるなど、かなりの部分《ぶぶん》が損傷《そんしょう》を受《う》けていることがわかる

写真提供：会津若松市

サムライの意地《いじ》！土方歳三《ひじかたとしぞう》の最後《さいご》の戦《たたか》い

土方《ひじかた》ら新選組《しんせんぐみ》は最後《さいご》まで新政府軍《しんせいふぐん》と戦《たたか》うことを決意《けつい》し、旧幕府《きゅうばくふ》の海軍副総裁《かいぐんふくそうさい》だった榎本武揚《えのもとたけあき》らと合流《ごうりゅう》して、蝦夷地《えぞち》（北海道《ほっかいどう》）の箱館《はこだて》（函館《はこだて》）に入《はい》ります。ここが旧幕府軍《きゅうばくふぐん》と新政府軍《しんせいふぐん》の最後《さいご》の戦《たたか》いの場所《ばしょ》となりました。

土方《ひじかた》ら新選組《しんせんぐみ》はよく戦《たたか》いましたが、新政府軍《しんせいふぐん》の銃弾《じゅうだん》により土方《ひじかた》が戦死《せんし》すると、もはや抵抗《ていこう》する力《ちから》はなくなり、榎本《えのもと》らは降伏《こうふく》。こうして1869（明治《めいじ》2）年《ねん》、戊辰戦争《ぼしんせんそう》は終《お》わりました。

箱館戦争図《はこだてせんそうず》
新政府軍《しんせいふぐん》は、鋼鉄製装甲《こうてつせいそうこう》を持《も》つ最新式《さいしんしき》の軍艦等《ぐんかんとう》を用《もち》いて、海《うみ》と陸《りく》の両方《りょうほう》から箱館市街《はこだてしがい》を攻撃《こうげき》して制圧《せいあつ》した

市立函館博物館蔵

3

幕末《ばくまつ》ニンゲンファイル

政治《せいじ》にふりまわされた皇女《こうじょ》

和宮《かずのみや》

婚約者《こんやくしゃ》と別《わか》れて将軍《しょうぐん》の妻《つま》になる

大老《たいろう》の井伊直弼《いいなおすけ》が殺《ころ》され、幕府《ばくふ》の力《ちから》が弱《よわ》まっていた頃《ころ》、幕府《ばくふ》は朝廷《ちょうてい》との結《むす》びつきを強《つよ》めて（公武合体《こうぶがったい》）、日本《にほん》の政治《せいじ》を安定《あんてい》させようと働《はたら》きかけました。その切《き》り札《ふだ》として孝明天皇《こうめいてんのう》の妹《いもうと》・和宮《かずのみや》が、幕府《ばくふ》の14代将軍《だいしょうぐん》・徳川家茂《とくがわいえもち》の妻《つま》に迎《むか》えられました。

じつは和宮《かずのみや》は、喜《よろこ》んで将軍《しょうぐん》の妻《つま》になったのではありません。和宮《かずのみや》には婚約者《こんやくしゃ》がいましたが、婚約者《こんやくしゃ》と別《わか》れて、日本《にほん》のために将軍《しょうぐん》の妻《つま》になったのでした。

前将軍《ぜんしょうぐん》の妻《つま》・天璋院《てんしょういん》（篤姫《あつひめ》）とバトル

こうして江戸《えど》城《じょう》の大奥《おおおく》（将軍《しょうぐん》の妻《つま》などの女性《じょせい》たちが暮《く》らす場所《ばしょ》）に入《はい》った和宮《かずのみや》ですが、今《いま》までの京《きょう》での公家《くげ》の暮《く》らしと武家《ぶけ》の暮《く》らしは、習慣《しゅうかん》やしきたりなどが違《ちが》います。天皇《てんのう》の妹《いもうと》というプライドもあり、武家風《ぶけふう》の生活《せいかつ》を受《う》け入《い》れられない和宮《かずのみや》は、前将軍《ぜんしょうぐん》の妻《つま》で大奥《おおおく》のトップ・天璋院《てんしょういん》と対立《たいりつ》してし

和宮《かずのみや》（1846～1877年《ねん》）

仁孝天皇《にんこうてんのう》の第《だい》8皇女《こうじょ》で、孝明天皇《こうめいてんのう》の妹《いもうと》。17歳《さい》の時《とき》に14代将軍《だいしょうぐん》・徳川家茂《とくがわいえもち》と結婚《けっこん》。幕府《ばくふ》の滅亡後《めつぼうご》は京都《きょうと》で暮《く》らすが、まもなく東京《とうきょう》にもどり、32歳《さい》で亡《な》くなった。

幕末《ばくまつ》の徳川家《とくがわけ》を支《ささ》えた武家《ぶけ》の姫《ひめ》
篤姫《あつひめ》

篤姫《あつひめ》（1836～1883年《ねん》）
薩摩藩主《さつまはんしゅ》・島津家《しまづけ》の一族《いちぞく》の娘《むすめ》で、13代将軍《だいしょうぐん》・徳川《とくがわ》家定《いえさだ》の妻《つま》となった。家定《いえさだ》の没後《ぼつご》、出家《しゅっけ》して天璋院《てんしょういん》と名乗《なの》った。

篤姫《あつひめ》と和宮《かずのみや》の対立《たいりつ》の始《はじ》まり

江戸城内《えどじょうない》で、篤姫《あつひめ》（天璋院《てんしょういん》）と和宮《かずのみや》が初《はじ》めて会《あ》った時《とき》、篤姫《あつひめ》は上座《かみざ》（上位《じょうい》の場所《ばしょ》）で敷物《しきもの》に座《すわ》って迎《むか》え、和宮《かずのみや》は下座《しもざ》の畳《たたみ》にじかに座《すわ》りました。天皇《てんのう》の妹《いもうと》である和宮《かずのみや》はこれを無礼《ぶれい》と感《かん》じ、篤姫《あつひめ》との対立《たいりつ》が始《はじ》まったといいます。しかし、武家《ぶけ》の習慣《しゅうかん》では、前将軍《ぜんしょうぐん》の妻《つま》（姑《しゅうとめ》）が上座《かみざ》に座《すわ》るのは当然《とうぜん》で、篤姫《あつひめ》にすれば無礼《ぶれい》なつもりはなかったのです。

徳川家《とくがわけ》のために和宮《かずのみや》と力《ちから》を合《あ》わせる

篤姫《あつひめ》と和宮《かずのみや》はやがて仲良《なかよ》くなれましたが、残念《ざんねん》ながら幕府《ばくふ》は滅亡《めつぼう》しました。その後《ご》、新政府軍《しんせいふぐん》が徳川家《とくがわけ》を滅《ほろ》ぼそうと江戸城《えどじょう》に進軍《しんぐん》を始《はじ》めると、篤姫《あつひめ》と和宮《かずのみや》は力《ちから》を合《あ》わせて、徳川家《とくがわけ》の存続《そんぞく》のための嘆願書《たんがんしょ》を差《さ》し出《だ》しました。この嘆願書《たんがんしょ》のおかげもあり、新政府軍《しんせいふぐん》の江戸《えど》城攻《じょうぜ》めはなくなったのです。

まいます。
でも和宮《かずのみや》は、優《やさ》しい夫《おっと》・家茂《いえもち》に救《すく》われました。次第《しだい》に和宮《かずのみや》の心《こころ》はほぐれ、将軍《しょうぐん》の妻《つま》らしく振《ふ》る舞《ま》えるようになると、天璋院《てんしょういん》とも仲良《なかよ》くなれたのです。
ただ、公武合体《こうぶがったい》は結局《けっきょく》うまくいきませんでした。夫《おっと》の家茂《いえもち》と兄《あに》の孝明天皇《こうめいてんのう》が続《つづ》けて亡《な》くなってしまったのです。そして倒幕運動《とうばくうんどう》は激《はげ》しさを増《ま》していき、幕府《ばくふ》は倒《たお》れることになるのです。

昔《むかし》の江戸城《えどじょう》は、現在《げんざい》は皇居《こうきょ》。江戸幕府《えどばくふ》が倒《たお》れた後《のち》の1869（明治《めいじ》2）年《ねん》、明治天皇《めいじてんのう》が入《はい》り、それ以来《いらい》皇居《こうきょ》になった
写真：朝日新聞社

4

幕末《ばくまつ》ウンチクこぼれ話《ばなし》

【もとは裕福《ゆうふく》な医者《いしゃ》の子《こ》だった桂小五郎《かつらこごろう》】

桂小五郎《かつらこごろう》（木戸孝允《きどたかよし》）は長州藩《ちょうしゅうはん》の裕福《ゆうふく》な医者《いしゃ》の家《いえ》に生《う》まれました。つまり、もとは武士《ぶし》ではなく、8歳《さい》の時《とき》に隣《となり》の武士《ぶし》の家《いえ》の養子《ようし》になって、武士《ぶし》の身分《みぶん》を手《て》に入《い》れることができたのです。

また、桂《かつら》は生《う》まれた家《いえ》が裕福《ゆうふく》だったためか、お金《かね》にはあまりこだわりがありませんでした。お金《かね》を盗《ぬす》まれても平気《へいき》だったり、仲間《なかま》や貧《まず》しい人《ひと》にお金《かね》をよくあげたりもしていたそうです。

【型《かた》にはまらない男《おとこ》　高杉晋作《たかすぎしんさく》】

高杉晋作《たかすぎしんさく》は型《かた》にはまらない男《おとこ》でした。藩《はん》の許可《きょか》も得《え》ず、勝手《かって》にオランダの蒸気船《じょうきせん》を買《か》う契約《けいやく》を交《か》わしたり、身分制度《みぶんせいど》がはっきりしていた時代《じだい》に、身分《みぶん》に関係《かんけい》なく入隊《にゅうたい》できる西洋式《せいようしき》の軍隊《ぐんたい》・奇兵隊《きへいたい》をつくったり、みんなが制服《せいふく》を着《き》ている中《なか》、自分《じぶん》だけ着流《きなが》しで軍艦《ぐんかん》に乗《の》り込《こ》んで指揮《しき》を執《と》ったり……。

そんな高杉《たかすぎ》は、外国《がいこく》の言《い》いなりになっている弱気《よわき》な幕府《ばくふ》を倒《たお》して、新《あたら》しい世《よ》をつくりたいと思《おも》っていましたが、幕府《ばくふ》が大政奉還《たいせいほうかん》をする半年前《はんとしまえ》、病気《びょうき》によって29歳《さい》でこの世《よ》を去《さ》りました。

【10匹《ぴき》以上《いじょう》も犬《いぬ》を飼《か》っていた西郷隆盛《さいごうたかもり》】

西郷隆盛《さいごうたかもり》はたいへんな犬好《いぬず》きで、自宅《じたく》で犬《いぬ》を10匹《ぴき》以上《いじょう》も飼《か》い、犬《いぬ》の世話《せわ》をする専門《せんもん》の人《ひと》を雇《やと》っていたそうです。また、「いい犬《いぬ》がいる」と聞《き》けば大金《たいきん》を払《はら》ってその犬《いぬ》を譲《ゆず》り受《う》け、自分《じぶん》の馬《うま》や由緒正《ゆいしょただ》しい名刀《めいとう》をお礼《れい》に贈《おく》ることもあったといいます。

上野公園《うえのこうえん》の西郷隆盛《さいごうたかもり》の銅像《どうぞう》。幕末《ばくまつ》の人物《じんぶつ》で写真《しゃしん》を残《のこ》した人《ひと》は多《おお》いが、西郷《さいごう》は写真《しゃしん》を撮《と》らなかった。この銅像《どうぞう》が完成《かんせい》して除幕式《じょまくしき》に呼《よ》ばれた妻《つま》・いとは、銅像《どうぞう》を見《み》て「主人《しゅじん》はこんな人《ひと》ではない」と言《い》ったという

写真：朝日新聞社

【短《みじか》い間《あいだ》しか使《つか》われなかった新選組《しんせんぐみ》のだんだら羽織《ばおり》】

袖口《そでぐち》に白《しろ》い山形《やまがた》をあしらった新選組《しんせんぐみ》の制服《せいふく》は「だんだら羽織《ばおり》」と呼《よ》ばれています。とても有名《ゆうめい》な羽織《はおり》ですが、この羽織《はおり》が制服《せいふく》に使《つか》われていたのは1年《ねん》ちょっとの期間《きかん》だけでした。新選組《しんせんぐみ》が有名《ゆうめい》になるにつれ、だんだら羽織《ばおり》では目立《めだ》ちすぎて、倒幕派《とうばくは》の捜索《そうさく》にはかえって邪魔《じゃま》になってしまったことが理由《りゆう》のようです。

【新選組局長《しんせんぐみきょくちょう》・近藤勇《こんどういさみ》の面白《おもしろ》い特技《とくぎ》】

新選組局長《しんせんぐみきょくちょう》・近藤勇《こんどういさみ》は口《くち》がたいへん大《おお》きく、口《くち》に自分《じぶん》の握《にぎ》りこぶしを出《だ》し入《い》れできたといいます。これは安土《あづち》・桃山時代《ももやまじだい》に活躍《かつやく》した武将《ぶしょう》・加藤清正《かとうきよまさ》もできたといわれます。清正《きよまさ》は豊臣秀吉《とよとみひでよし》のけらいから、肥後国《ひごのくに》（熊本県《くまもとけん》）の大名《だいみょう》になった武将《ぶしょう》ですが、近藤《こんどう》は「清正《きよまさ》のように出世《しゅっせ》したい」ということから、まねをしていたそうです。

【日本初《にほんはつ》の新婚旅行《しんこんりょこう》に出《で》かけた坂本龍馬《さかもとりょうま》】

危険人物《きけんじんぶつ》として幕府《ばくふ》に目《め》をつけられていた坂本龍馬《さかもとりょうま》。龍馬《りょうま》は京都《きょうと》の旅館《りょかん》・寺田屋《てらだや》で幕府《ばくふ》の役人《やくにん》に襲《おそ》われ、ケガを負《お》いながらもなんとか逃《に》げました。この時《とき》、まっさきに龍馬《りょうま》に異変《いへん》を伝《つた》えたのは、寺田屋《てらだや》で働《はたら》いていた恋人《こいびと》のお龍《りょう》です。

その後《ご》、龍馬《りょうま》はお龍《りょう》と結婚《けっこん》し、ケガの療養《りょうよう》もかねて、鹿児島方面《かごしまほうめん》に約《やく》80日間《にちかん》の温泉《おんせん》旅行《りょこう》に出《で》かけました。当時《とうじ》は男女《だんじょ》が一緒《いっしょ》に旅《たび》することも珍《めずら》しく、この旅行《りょこう》は日本初《にほんはつ》の新婚旅行《しんこんりょこう》ともいわれています。

龍馬《りょうま》とお龍《りょう》が登《のぼ》った、霧島山《きりしまやま》の頂上《ちょうじょう》に立《た》つ「天《あま》の逆鉾《さかほこ》」。龍馬《りょうま》が姉《あね》の乙女《おとめ》に出《だ》した手紙《てがみ》には、龍馬《りょうま》とお龍《りょう》が「逆《さか》鉾《ほこ》をエイヤと引《ひ》き抜《ぬ》いてしまい、すぐ元《もと》に戻《もど》した」と書《か》かれている。ちなみに現在《げんざい》の逆鉾《さかほこ》はレプリカとのこと

写真：朝日新聞社

幕末《ばくまつ》（江戸時代末《えどじだいすえ》）〜明治時代初《めいじじだいはじ》め 年表《ねんぴょう》

江戸時代《えどじだい》

年	出来事
1833年《ねん》	天保《てんぽう》の飢饉《ききん》が起《お》こる（〜1839年《ねん》）
1837年《ねん》	幕府《ばくふ》の元役人《もとやくにん》・大塩平八郎《おおしおへいはちろう》が大坂《おおさか》で乱《らん》を起《お》こす
1853年《ねん》	アメリカの使節《しせつ》・ペリーが黒船《くろふね》に乗《の》って日本《にほん》にやってくる
1854年《ねん》	日米和親条約《にちべいわしんじょうやく》が結《むす》ばれる（下田《しもだ》と箱館《はこだて》の2港《こう》が開《ひら》かれる）
1858年《ねん》	日米修好通商条約《にちべいしゅうこうつうしょうじょうやく》が、朝廷《ちょうてい》の許可《きょか》なしに結《むす》ばれる
	安政《あんせい》の大獄《たいごく》が始《はじ》まる（〜1859年《ねん》。大老《たいろう》・井伊直弼《いいなおすけ》が尊王攘夷派《そんのうじょういは》を処刑《しょけい》する）
1860年《ねん》	桜田門外《さくらだもんがい》の変《へん》（井伊直弼《いいなおすけ》が尊王攘夷派《そんのうじょういは》に暗殺《あんさつ》される）
1862年《ねん》	坂下門外《さかしたもんがい》の変《へん》（14代将軍《だいしょうぐん》・徳川家茂《とくがわいえもち》と和宮《かずのみや》〈孝明天皇《こうめいてんのう》の妹《いもうと》〉の結婚《けっこん》をすすめた老中《ろうじゅう》・安藤信正《あんどうのぶまさ》が襲《おそ》われる）
	徳川家茂《とくがわいえもち》と和宮《かずのみや》が結婚《けっこん》する
	生麦事件《なまむぎじけん》（薩摩藩《さつまはん》の行列《ぎょうれつ》を乱《みだ》したイギリス商人《しょうにん》が殺《ころ》される）
1863年《ねん》	浪士組《ろうしぐみ》（のちの新選組《しんせんぐみ》）が結成《けっせい》される
	長州藩外国船砲撃事件《ちょうしゅうはんがいこくせんほうげきじけん》（長州藩《ちょうしゅうはん》がアメリカ、フランス、オランダの船《ふね》を砲撃《ほうげき》する）
	薩英戦争《さつえいせんそう》（薩摩藩《さつまはん》がイギリスと戦《たたか》うが、和解《わかい》する）
	八月十八日《はちがつじゅうはちにち》の政変《せいへん》（長州藩《ちょうしゅうはん》と朝廷《ちょうてい》の尊王攘夷派《そんのうじょういは》が京都《きょうと》から追放《ついほう》される）

	1864年《ねん》	幕府《ばくふ》が神戸《こうべ》海軍操練所《かいぐんそうれんじょ》を設置《せっち》する 池田屋事件《いけだやじけん》（京都《きょうと》で、新選組《しんせんぐみ》が長州藩《ちょうしゅうはん》の尊王攘夷派《そんのうじょういは》を襲《おそ》う） 禁門《きんもん》の変《へん》（京都《きょうと》で、長州藩《ちょうしゅうはん》の尊王攘夷派《そんのうじょういは》が反乱《はんらん》を起《お》こすが失敗《しっぱい》する） 四国艦隊下関砲撃事件《しこくかんたいしものせきほうげきじけん》（長州藩《ちょうしゅうはん》がイギリス、フランス、アメリカ、オランダの船《ふね》から砲撃《ほうげき》される） 第《だい》1次長州征討《じちょうしゅうせいとう》（長州藩《ちょうしゅうはん》が幕府《ばくふ》に攻《せ》められ、降参《こうさん》する）
	1866年《ねん》	薩長連合《さっちょうれんごう》が成立《せいりつ》する 第《だい》2次長州征討《じちょうしゅうせいとう》（幕府《ばくふ》が長州藩《ちょうしゅうはん》を攻《せ》めるが、失敗《しっぱい》する） 世直《よなお》し一揆《いっき》が各地《かくち》で起《お》こる
	1867年《ねん》	人々《ひとびと》が「ええじゃないか」と叫《さけ》んで熱狂《ねっきょう》するさわぎが各地《かくち》で大流行《だいりゅうこう》する 大政奉還《たいせいほうかん》（15代将軍《だいしょうぐん》・徳川慶喜《とくがわよしのぶ》が政権《せいけん》の返上《へんじょう》を表明《ひょうめい》する） 王政復古《おうせいふっこ》の大号令《だいごうれい》（天皇《てんのう》の政治《せいじ》に戻《もど》すことが宣言《せんげん》される）
明治時代《めいじじだい》	1868年《ねん》	戊辰戦争《ぼしんせんそう》が始《はじ》まる（〜1869年《ねん》。旧幕府軍《きゅうばくふぐん》が新政府軍《しんせいふぐん》と戦《たたか》って敗《やぶ》れる） 五箇条《ごかじょう》の誓文《せいもん》（新政府《しんせいふ》の政治《せいじ》の方針《ほうしん》が示《しめ》される） 江戸《えど》が東京《とうきょう》と改《あらた》められ、年号《ねんごう》が明治《めいじ》に変《か》わる

監修	河合敦
編集デスク	大宮耕一、橋田真琴
編集スタッフ	泉ひろえ、河西久実、庄野勢津子、十枝慶二、中原崇
シナリオ	十枝慶二
コラムイラスト	相馬哲也、中藤美里、横山みゆき、イセケヌ
コラム図版	平凡社地図出版
参考文献	『早わかり日本史』河合敦著 日本実業出版社／『詳説 日本史研究 改訂版』佐藤信・五味文彦・高埜利彦・鳥海靖編 山川出版社／『図解雑学 沖田総司と新選組隊士』河合敦著 ナツメ社／『日本史リブレット人 70 木戸孝允──「勤王の志士」の本音と建前』一坂太郎著 山川出版社／『CG 日本史シリーズ 19 高杉晋作と長州藩』双葉社／『CG 日本史シリーズ 23 黒船と幕末動乱』双葉社／「週刊マンガ日本史」32〜36号 朝日新聞出版／「週刊新マンガ日本史」36〜38号 朝日新聞出版

※本シリーズのマンガは、史実をもとに脚色を加えて構成しています。

幕末へタイムワープ
ばくまつ

2018年3月30日　第1刷発行
2024年3月10日　第9刷発行

著　者　マンガ：もとじろう／ストーリー：チーム・ガリレオ
発行者　片桐圭子
発行所　朝日新聞出版
　　　　〒104-8011
　　　　東京都中央区築地5-3-2
　　　　編集　生活・文化編集部
　　　　電話　03-5541-8833（編集）
　　　　　　　03-5540-7793（販売）

印刷所　株式会社リーブルテック
ISBN978-4-02-331671-3
本書は2016年刊『幕末のサバイバル』を増補改訂し、改題したものです。

落丁・乱丁の場合は弊社業務部（03-5540-7800）へ
ご連絡ください。送料弊社負担にてお取り替えいたします。

©2018 Motojiro, Asahi Shimbun Publications Inc.
Published in Japan by Asahi Shimbun Publications Inc.